作者简介

亚历山大·彼得洛维奇·库里岑（Александр Петрович Куницын，1783—1840），俄罗斯著名的社会思想家、法学家和政治活动家，俄罗斯自然法理论的先驱之一，在俄罗斯社会思想史上占有重要地位。他在19世纪的俄罗斯享有重要声誉，被称为"祖国的忠实儿子"。他具有多重身份，是道德哲学的教授，自然法和社会契约理论的支持者，法律和经济学领域专家，俄罗斯法律编纂者、国务委员，圣彼得堡大学荣誉教授。库里岑的学说受到了卢梭和康德思想的极大影响，代表作有《自然法》《权利百科全书》《政治学体系》等。

译者简介

王海军，法学博士，硕士生导师，华东政法大学法律史研究中心教授、涉外法治研究院研究员，莫斯科大学访问学者（2015—2016年）。主要研究领域为俄罗斯法律史、检察理论等。

自然法名著译丛

自 然 法

〔俄〕亚历山大·彼得洛维奇·库里岑 著
王海军 译

商务印书馆
The Commercial Press

Александр Петрович Куницын
ПРАВО ЕСТЕСТВЕННОЕ

上卷：ЧИСТОЕ ПРАВО

САНКТПЕТЕРБУРГ, В Типографии Иос. Иоаннесова. 1818 года

下卷：ПРАВО ПРИКЛАДНОЕ

САНКТПЕТЕРБУРГ, В Типографии Иос. Иоаннесова. 1820 года

中译本上卷及下卷分别根据圣彼得堡约瑟夫·约阿涅索夫印刷厂1818年及1820年版译出

《自然法名著译丛》编委会

主　编　吴　彦

编委会成员（按姓氏笔画为序）

王　涛　王凌皞　田　夫　朱学平　朱　振

孙国东　李学尧　杨天江　陈　庆　吴　彦

周林刚　姚　远　黄　涛　雷　磊　雷　勇

《自然法名著译丛》总序

一部西方法学史就是一部自然法史。虽然随着19世纪历史主义、实证主义、浪漫主义等现代学说的兴起，自然法经历了持续的衰退过程。但在每一次发生社会动荡或历史巨变的时候，总会伴随着"自然法的复兴"运动。自然法所构想的不仅是人自身活动的基本原则，同时也是国家活动的基本原则，它既影响着西方人的日常道德行为和政治活动，也影响着他们对于整个世界秩序的构想。这些东西经历千多年之久的思考、辩驳和传承而积淀成为西方社会潜在的合法性意识。因此，在自然法名下我们将看到一个囊括整个人类实践活动领域的宏大图景。

经历法律虚无主义的中国人已从多个角度试图去理解法律。然而，法的道德根基，亦即一种对于法律的非技术性的、实践性的思考,却尚未引起人们充分的关注。本译丛的主要目的是为汉语学界提供最基本的自然法文献,并在此基础上还原一个更为完整的自然法形象,从而促使汉语学界"重新认识自然法"。希望通过理解这些构成西方法学之地基的东西并将其作为反思和辩驳的对象,进而为建构我们自身良好的生存秩序提供前提性的准备。谨为序。

吴彦

2012 年夏

目　录

序言 ··· 1

绪论 ··· 3
 一　人的天性 ··· 3
 二　自然法的划分 ··· 6
 三　自然法与相关学科的区别 ································ 8
 四　自然法的益处 ··· 11

上卷　应然法

第一编　绝对权利

第一章　法律和道德义务的概念 ······························· 15
第二章　权利的主要来源 ·· 21
第三章　以权利来源判断人类行为 ····························· 27

第四章　天赋人权……………………………38
　第一节　生命权……………………………40
　第二节　行动权……………………………42
　第三节　获得幸福的权利…………………46
第五章　原始权利的性质……………………50

第二编　相对权利

派生权利………………………………………53
第一章　占有…………………………………55
第二章　契约总论……………………………70
第三章　契约的特殊类型……………………83

下卷　实然法

绪论……………………………………………93

第一编　社会公共法

第一章　社会总论……………………………95
第二章　平等社会……………………………104
第三章　不平等社会…………………………109

第二编　家庭法

第一章　夫妻之间的关系·····················114

第二章　父母与子女之间的关系·············119

第三编　国家法

国家法的概念·····························122

第一章　绝对的国家法·····················124

 第一节　社会之外的人的地位·············124

 第二节　国家目标·······················128

 第三节　联合契约·······················130

 第四节　实现国家目标的方法·············133

 第五节　国民契约·······················134

 第六节　最高权力·······················137

  一、立法权···························138

  二、执行权···························141

  三、监视权···························147

 第七节　国民与执政者的关系·············150

 第八节　国民的相互关系·················158

第二章　相对的国家法·····················161

 初步认知·······························161

第一节　民主政体 …………………………………… 167
　　第二节　贵族政体 …………………………………… 170
　　第三节　君主政体 …………………………………… 172

第四编　国际法

引言 …………………………………………………………… 177
第一章　绝对的国际法 ……………………………………… 179
第二章　相对的国际法 ……………………………………… 183
　　第一节　占有 ………………………………………… 183
　　第二节　国际条约 …………………………………… 184
　　第三节　外交使命 …………………………………… 188
　　第四节　战时国家权利 ……………………………… 190

非常用术语对照表 …………………………………………… 195

亚历山大·彼得洛维奇·库里岑生平及学术年表 ……… 208
亚历山大·彼得洛维奇·库里岑及其《自然法》……… 214

序言

只有当学科的所有内容构成一个连续的链条并且其中一个内容可被另一个内容充分解释时,学科才具有完整形态。自然法学完全能达到完整形态,我尽我所能来使用它的这个性质。掌握了权利主要来源的效力和范畴后,听者和读者就可以理解什么是原始权利,而对这些的认知可以指导理解派生权利。在阐释一些内容时,我比一些教科书所允许的范围更广泛;能理解这种不协调现象的人,是因为他知道有些读者正在自然法中寻找积极有益的内容,另一些读者则怀疑它是否适应市民社会中人们的关系和联系,而有些人则可能认为这是完全不必要的新奇事物,等等。相反,这里大部分有争议的内容都被省略了,但口头阐释可能而且应该与法学家之间最重要的意见分歧有关。

不过，学识渊博的读者根据我所接受的原则，可以区分出不允许我阐释的内容。俄罗斯法学的思辨性一部分还是新生的，以至于它在教学用语和表达方面存在诸多障碍。国家现行立法缓解了这个困难，但不能使其完全消除。有时需要发明新词汇或者使用外来词汇，这两种方式都具有自身的缺点。新词汇由一个旧词组成就可以被接纳，而外来词汇则需要通过普遍使用而根深蒂固的时候才可以被认可。俄罗斯作家和翻译家在这些领域和其他学科领域几乎很少使用新词，新词通常伴随着翻译而来的外语一起使用。而我没有找到任何其他途径来减轻上述困难，但为了避免频繁出现括号，我将所有不常见的学术用语翻译成拉丁文并按字母顺序放在本书第二大部分的末尾，在本书中以斜字母区分。读者在无法理解的情况下可以根据翻译判断这个词应当为何种含义。

绪论

一　人的天性

§1. 人有两种天性：感性和理性。感性是由欲望力驱动的，最初目的是保持人类社会的完整。欲望意味着希望获得或者失去某种东西。人类的这种能力被称为空间意义上的意志。渴望实现某种目的的意志被称为愿望，而意欲失去某物或者使某物消失则被称为厌恶。

§2. 人按照感性只愿意尊重善的，而拒绝恶的。所有的欲望都应当受制于这条法则，以及偏爱多善少恶。尽管存在这个普遍定义，但是人还是会误解对善与恶的认识，并认为真实善是虚假的，虚假的善是真实的，同样接受真实的恶为虚假的和虚假的恶为真实的。

§3. "善"这个词意味着事物与某种目的相符合。无任何意义的事物，当符合某种愿望并且能够用某种方式达到预期目的时，我们就说它是善的。这样，属于人的感性的一切都被称为善的，符合他对幸福的渴望，满足他的愿望，从中产生令人愉悦的情感。

§4. 这样，欲望力的对象就是愉悦，无论是通过积极的还是消极的方式获得，即要么达到能促使我们的感知进入愉快状态的幸福，要么消除能使我们的感知陷入不幸状态的恶。为了实现这样或那样的目的使用力量就意味着要实施行为。因此行为就是人由其自身力量而产生的变化，人由外力而产生的变化被称为痛苦。

§5. 如果人只具有感性，那么愉悦对于他而言就是欲望的唯一法则、唯一的幸福和绝对的行为动机。其力量只能是取决于外界感受的被动使用。但是人除了感性之外还具有理性，理性不仅根据他们的欲望考虑事物，还会符合自己的本性来考虑事物。通过这种更高的能力，人可以独立于外部事物而行为，因为理性为人规定了一定的行为方式，无论它是否符合感官欲望。因此涉及人类行为举止的理性规定被称为绝对命令。根据理性规定的意愿能力被称为狭义上的意志，实现目的的意志倾向被称为决心。意志动因的结果被称为行为目的和行为人的意图。以其他目的为手段的目的被称为主要目的或者直接目的。

§6. 如果人可以控制自己的行为独立于外部影响，那么他就被称为是自由的。根据这种能力，他希望只处于自主理性的法律之下，所有其他的立法只有源于一般理性原则才被允许。当然，当他服从违背理性的法律时，他就否认了自己的人格尊严，将自己贬低到了如动物一般仅通过外在感官的动机而实施行为。

§7. 理性为意志制定规则，从而证明了它的自由，因为通过这一点，它在意志中被假定可能以各种方式而不是根据某个任何必然的方向实施行为。如果意志是不自由的，那么对理性的规定就是徒劳的，因为其中所包含的，或者是意志必须所力求实现的东西，或者它按照自己的意志无法实现的东西。虽然理性规定不会剥夺自由意志，因为自由意志可以依照也可以违反理性规定行事，但是否定理性法则就会导致意志陷入对感官动机的依赖中。以激情违反理性的人就是激情的奴隶。这样，从消极意义上讲，自由是独立于感官动机的意志，在积极意义方面，自由就是遵守理性规则的能力。

二 自然法的划分

§8.道德哲学是一门以理性阐明规定意志的规则的学科。它的目的通常是保障人的自由,这种目的通常会被感性欲望和激情,或者被妨碍它合法表明自己自由的其他人所侵犯。因此道德哲学可以划分为两个流派。第一个阐述内在自由的规则,确切地,被称为道德学说。第二个阐述外部自由规则或者法律规则,因此被称为法律学说或者直接被称为法。

§9.为了与基于立法者个人意愿而形成的实定法相区别,法律学说被称为自然法,因为它阐释了可由人的理性本质中推导出来的法律。

附释 "自然"这个词与法、状态、规则和理性结合使用时,就会由于其双重含义而导致一些人对该词含糊不清:有时它的意思是原始的、初级的,有时则是自然的、天赋的。在法律学说中所使用的含义是后者。因此应该说:自然法、自然状态、自然法则、自然理性及其他,但是,在理解"自然的"这个词汇最初的含义时很多人认为,自然法是人们在原始野蛮状态下规则的集合,自然状态是缺乏集体联合的人们的状态,其中个人意愿占有主导地位,自然法则是人们在原始状态中运行的那些规则的反映，自然理性则是人性未经教化的理智。

§10. 在自然法中应看到：I. 直接源于人的天性的权利和义务。II. 从人们所处的一定关系和环境中产生的权利和义务。自然法的第一个部分被称为应然法，而第二部分被称实然法。应然法研究下列问题如何解决：①只根据人的天性判断何种权利属于他；②此外人们还能够取得哪些权利，并符合直接源于天性的权利。第一个问题所涉及的答案就是绝对权利，第二个问题所涉及的是相对权利。第一个问题阐述了人们的原始权利，而第二个问题则阐述了派生权利或者取得权利。

实然法涉及将应然法的规定适用于人们的某些关系中，但是这种关系多种多样，因此在法律学说中仅仅选择那些必然有助于保障人们的外部自由的关系。家庭与国家就是如此。

§11. 将应然法的基本原则应用于独立国家之间的相互关系就构成了国家法学。属于个人的权利和义务，同样会落在作为道德人的整个国家身上。但是有些人毫无理由地将全世界公民的权利都纳入到自然法体系中，因为世界上所有公民只不过是处于理性规则之下的独立个人，这决定了他与和他一样的人的关系；因此，阐述全世界公民的权利就意味着要以特殊名称重复应然自然法。

三　自然法与相关学科的区别

§12. 学科彼此具有的相似性，或者具有同源，被称为同类型学科，或者因归属同一个主题，而被称为关联学科。为了确定自然法的概念，必须说明他与其他科学的相似性和关联，然后指出彼此之间的区别。与自然法相关的学科有：I. 道德学说；II. 政治；III. 实定法；IV. 实证法哲学。

§13. I. 自然法与道德学说具有相似性和关联性，因为两个学科都源自理性，并且提出普遍的必然规则，人们的自由行为应据此实施；二者都强制人的感性意愿遵守这个规则。二者都将保障人的自由作为目标，符合这个目标的行为在某种程度上都被允许，在一定程度上均以义务的形式表现出来。但存在这些相似性的同时，还存在道德学说与自然法之间的差异：①道德学说命令理性存在尊重目的，并因此不仅不能限制，而且还要扩大他们的自由；法仅仅命令不要将其他人作为一种工具来使用；②道德学说包含了所有的行为，既包括内部行为，也包括外部行为。当行为源于善良意志时，即当道德法则成为行为动机时，那么按照此规则，其他所有行为这时就只具有道德尊严；

法律规则仅仅延伸到外部行为，与上述行为相适应的任何行为被称为正义的，而无论人在这个范畴内所依据的动机性质；③道德学说将人的内在自由作为对象，而法则是将外在自由作为对象；④道德学说指示的目的应该是人；法仅仅规定按照个人意愿选择目的的外在行为；⑤道德学说说服人朝向善，而法说服人朝向正义。

§14. II. 自然法与政策相同之处在于，二者都为人们规定行为规则，都以人类的平安生存为目的，都表现为人们遵守规则的外在动机。二者的相似点以前还要更多些，法学家们认为幸福是自然法的起点，并且将自然法与政策相混淆。现在批判主义哲学指出两个学科之间的严格区别，用形式理性的起源代替了幸福的起源：①自然法是一门法学学科或者条文集合的学科，据此人们的外在自由可以得以存在。政策通常是关于实现人类目的的可靠方法的理论，从狭义上讲，它是达到国家目的的可靠方法的理论；②法从纯粹理性原则中获得自己的理论，政策从经验中借鉴其方式的可信任性教义；③法律规则通常是现行有效的、必要的且不容忍任何例外的；拟定政策的方式则会因地点、时间和人的情况而变化；④正义是以义务形式向人们规定法律不可或缺和必要的目的，政策则以规定多种目的为前提，并作为幸福的组成部分；⑤法限制运用政策的方式，只允许合法方式；保卫权利取决于为保护和行使权利而提供政策的方法的可信度。

§15. III. 自然法与实定法彼此之间具有关联，因为他们都将保护人的外部自由作为共同目的。他们的规定都扩展到外部行为，执行和完成这些行为要受到外部动机的决定。但是两个学科彼此之间根据规则来源不同予以区分：①实定法源于公民之间的个人意愿和协议，或者源于国家最高统治者的意志；自然法规则源于普遍理性原则；②每个国家都具有自己的特有实定法，不同国家法律的相似源于偶然的内容相似；与之相反，自然法是基于必然的理性法则，是所有国家普遍的法；③同一个国家的实定法中的规定也可能不适用于所有公民。最高权力可以酌情赋予某些公民以特权，而使其他人承担特殊义务。在自然法中人们的权利和义务作为理性存在是平等的和相同的；④实定法不仅指的是正义，还指公民的利益；自然法仅将正义作为唯一目的；⑤在实定法规定是以自然法原则为主要原则的情况下，只有当根据最高权力的意志将自然法原则转化为实定法的时候，才能在市民社会中得到准确遵守。

§16. IV. 实证法哲学是实定法与法的一般原则、立法者颁布法律形式相联系的理论。因此，它与自然法的相互关联为运用自然法的一般规定研究某个国家实定法的正义性。但进行这些研究的同时,也关注国家的主体、道德和政治的关系,并且根据政治原则对此加以考察。因此实证法哲学同时是经验科学,它更加特殊地区别于自然法。

四 自然法的益处

§17. 自然法表明了一个人与其他个人和社会的关系,从而可以给他带来益处。保障自由是所有人的共同目的,只有互相尊重彼此的权利并准确地履行义务,它才能得以实现。但为了不侵犯别人的权利并保障自己的权利,就需要知晓权利与非权利。许多纠纷和抱怨都源于故意和自私,很多也源于误会和对正义原则的认知误解。人们之间分歧的后一种来源被自然法中提出的正义认知所阻断。在其他方面,自然法知识对于所有个人也很必要,它致力于不断促使每个人分享自己的知识。由此产生的人的倾向是不让其对所遇到的对象欠缺思考。由于公共关系的结构和国家事务的进行直接影响着人们的命运,因此它受到大家的关注。公民个人对国家事务的见解或多或少是有充分理由的,这些取决于他们对法的原则的认知。缺乏自然法知识是不可能对历史事件进行准确的研究,或者历史就成为了民间传说,体现不出任何教训。

§18. 自然法知识对于研究实定法的学者来确定实定法的正义性是很必要的。重要的是，它是实务法律人在完成实际事务中所需要的，因为在适用法律时要为他们服务：①作为解释法律的辅助工具；②作为在无专门实定法情况下的判案原则；③当立法者将案件的判决赋予法官自由裁量或者直接命令按自然法原则判决时，自然法就作为实定立法的组成部分。

§19. 基于过去的情况而制定的实定立法需要不断重复修订。公民的思维方式、他们的道德、与其他国家的相邻和交流、每个国家的土壤和气候的物理性质都在变化，如果不进行修法，法律就会与社会状况完全不相符而变得陈旧过时。随着这些变化，法律学说成为确定实定法的主要指南，因为它提出了解决所有特殊情况的一般原则。因此，自然法学是一门国家性学科。其知识的传播和普及有助于个人和大众受益。

上卷

应然法

第一编

绝对权利

第一章 法律和道德义务的概念

§20. "法律"一词根据其产生,意味着一种障碍,任何东西都不应该或者不能超越这个障碍。在转义上,法律就是表达需求的规定,据此会出现或应该出现某种情况。因为理性为意志规定了规则,据此阻却了它的欲望,因此它的规定就被称为法律。

§21. 理性法则表达的需求被称为精神需求,并且区别于包含在世界物质法则中的物质需求,因为人使自己服从与它;相反,物质需求是支配事物及其行为的外部力量。

§22. 精神需求对意志自由的影响被称为义务，它所倾向的行为被称为义务或责任。如果精神需求中的信念决定了采取行动的意志，那么这个行为在狭义上被称为道德行为，而其动机被称为内部动机。当不是这个信念，而是其他外在原因使人依照法律行事时，这个行为就被直接称为合法行为，而其动机就称为外部动机。

§23. 所有道德法则都包含内部动因，在执行时也可能是外部动机。第一种在狭义上被称为道德规范，第二种被称为法律规范。

§24. 根据两种规范的区别，义务可以分为两种类型：一种被称为道德义务，因为其动机通常是内部的，而另外一种则被称为法律义务，因为它根据外部动机行事。所有法律义务同时也是道德义务，因为理性要求履行法律的同时，内在意愿要与之相符，但不是所有的道德义务同时也是法律义务。

§25. 不违反义务的行为被称为被许可的行为，履行它取决于个人意愿；违反义务的行为被称为不被许可的行为且不能实施，虽然人对此具有身体上的能力。

§26. 人的行为要么仅属于他自己并只涉及他本身，要么同时延伸到其他人并改变他们的状态。并且他们要么赞同改变他们状态的人的意志，要么不赞同并且构成他们目标的障碍。由此就会引发个人意志的对抗，在这种情况下，人们就会彼此停止自己的行为，且由此使他们丧失了预期目标。为了解决这个争议，理性确定了一个规则，使得一个人可以进行与自己理性相一致的某种行为，而其他人对此不能予以制止。因此，每个人都可以要求不妨碍他以符合理性的方式行事。

§27. 每个人都有内在自由并只遵循理性法则，因此其他人不应该将其作为实现自己目的手段。谁侵犯了他人的自由，那他就违反了他的天性。人们的天性虽然有多种多样的不同情况，但相同的是，所有对其他人的非正义都会引起我们的愤怒。这可以证明，正义对于人而言是自然的。

§28. 这样，正义就是履行法律义务或者情愿允许其他人实行所有不侵犯我们自由的行为。正义分为外在正义和内在正义。第一种是对外履行的法律义务，而第二种则是根据内在善意或者仅是对义务的信念而履行的义务。

§29. 与法律义务相符合的行为被称为正义行为，而与之相反的行为则被称为非正义行为。这样，人的内部自由只受限于其他人的自由，因为在法律意义上，只有他人的外部自由被侵犯了才被称为非正义行为。

§30. 根据这个认知，人可以进行不侵犯其他人自由的所有行为,这种能力被称为权利。这个词汇最初是借用于物理意义,其中它反映了身体的直接方向。关于行为,意味着这些行为与理性为一个人在和他人社会生活中的行为所规定的规则相同。

§31. 因此权利,第一,作为人的性质,是不侵犯其他人的合法自由而随意行为的能力;第二,作为行为性质,它意味着我们的自由与普遍的法律自由是具有兼容性的;第三,它作为法律汇编,就是规则的集合,普遍的外部自由在这些规则下都是被允许的。

§32. 具有权利的存在被称之为人;否则,没有权利的存在就被称之为物。它可以通过某种方式用于人的目的而不违反道德秩序。

§33. 权利的概念源于:I. 人们的外部关系,即他们相互确定自己状态的外部行为;II. 它所对待的并非是个人意愿的物质,而是它在外部行为中表现出的形式。个人意愿的物质是行为人所追求的目的,个人意愿的形式是其与他人个人意愿的外部关系。III. 权利的概念中包括这样的行为,即其他人不能阻止其实施的行为。侵犯权利的人,都可以根据普遍的自由法则用武力表现出来。用武力强迫其他人承认我们的权利被称为强制。

§34. 每个人都有道德能力捍卫自己的权利,因为所谓的公平就是指外表上符合法律义务或者普遍的自由法则。侵犯权利显示为自由的障碍，而强制停止侵权就是消除这个障碍，那么这就被称为是正义的。

§35. 既然权利是基于所有理性存在的普遍法则的，那么一个人的权利就要对应所有其他人的义务。当一个人具有外部完整权利时，那么其他人都具有外部完整义务，这是相互的，当一个人具有外部完整义务的时候，那么其他人就具有外部完整权利。

§36. 遵守他人权利的义务是完整义务，因为这个义务人完全有能力满足它的要求。因此，谁不遵守他人的权利，那么他就可能被武力所强制（如第34条所述）。

§37. 因为完整义务总是对应其他人的权利，并且在履行义务时无任何例外，那么权利主体、义务主体甚至是第三人都能判断某种行为是否符合完整义务。因此，只要发起行为的人可以判断出行为与义务相适应，那么可以认为外部完整义务是不矛盾的。

§38. 至于行为人的意图，只有当足够的外在表象显露出来时，才能被判断出是善还是恶。

§39. 外在完整权利和外在完整义务的特性包括：①侵犯它们会使他人遭受实际的伤害；②不允许任何例外并对所有人都同等有效；③会受到每个人的判断，即每个人都可以根据行为外在表象确定它是否与权利和义务相符合。④总是处在相互联系之中：权利产生义务，而义务必然对应权利。

第二章 权利的主要来源

§40. 权利和义务具有共同来源——人的意志自由，因此它们应该具有一个共同原则或特征，以便在任何情况下都可以识别它们。为了找到这个共同特征，必须区别法的内容和形式。权利内容是权利所涉及的对象，即行为和人对事物拥有的权利。权利形式是事物成为权利对象的方式。

§41. 权利普遍特征不是凭借其内容来认识的，因为它是通过经验来认识的；经验的对象是无限多样的，因此在很多对象中发现的特征按照理性原则不能被认为是普遍特征，因为在经验中只承认已知的，通过经验证明的东西。

§42. 有些哲学家试图从人的特殊的、随机的状态中推导出权利的主要来源，并以此消灭所有的关于权利的概念。他们确信，政体、教育和风俗习惯的方式都是权利概念的基础。据他们的假设，权利的来源应该：与政体形式、教育原则和普遍习俗相同或类似的，这样才符合权利，否则就不是权利。为了证实自己的观点，他们援引了一种情况，即某些行为在一个人那里被认为是值得称赞的，而在另外一个人那里却被认为是不端的。很明显，这样的原则根本无法区分权利，因为这些情况不只是在各个国家有所区别，而且在同一个国家的居民个人之间也会有所不同。因而不仅是每个国家，也包括每个个人都具有自己的权利来源；同样一个行为根据原则将是正义的或者非正义的。虽然国家和个人根据他们已知的关系对某些特殊行为的正义性存在分歧，但在正义性和道德善恶的本质上是完全一致的。关于权利和非权利的主要争论要以争论者认可的一个共同原则为前提，他们将具体情况与之相对比，因为如果没有这个特征，他们要基于什么作为依据呢？

§43. 其他人试图从感性中推导出权利的来源，这是从人实施某种行为时或者完成某种行为后产生的。根据他们的观念，权利的来源应该是：人对于令他感到愉快的事物都有权利。当我们关注这些愉快的时候，这些情况的矛盾就会立即显露出来：①欺骗性的、伴随着不愉快或者悲痛；②它是一种相对的感觉；让一个人愉快的东西，甚至可以让另一个人反对或厌恶，因此，同一个事物、同一个行为根据它的来源可能会是权利或非权利，对于一个人而言是被允许的，因为令人愉悦，而对于其他人却是被禁止的，因为令人厌恶。

§44. 英国学派的哲学家认为诉诸道德感来确定权利主要来源的这种情况不合理。在他们看来，所有都是正义的，都不能被道德感所否定。但是这种自然的精神情感不能作为判断权利与非权利的普遍准则。因为其中包括了对事物的感性态度，在不同的人那里有所不同，就会产生对权利和非权利的不同判断。如果道德感取决于理性认识并受其支配，那么就应在理性本身中去寻求权利来源。最后，如果权利与非权利之间的区别是基于外部现象的作用，那么所有有关自由的认知都会被破坏，因为那时人的行为不取决于他的自由意志，而是外部现象的作用。

§45. 柏拉图和他的追随者将人的完善作为权利来源：有助于使人性完善，这是每个人都有的权利。但这个原则就本身而言是不确定的，因为要理解这个还需要知道，什么是人性完善。如果假设，它由道德或者依据道德法则行事的自由构成，那么还必须要知道，什么是道德法则。而且，这个原则不能囊括所有的道德行为，并且或许会遇到很多误解，因为人有权作出多种行为，但这些行为既不能改变他也不能改变其他人的道德状况。根据这个原则来认识权利在很多情况下取决于结果，因为通常无法事先确定任何行为是否有助于完善人的道德，例如，惩罚可以使一个人变得更好，但对另一个人则可能会使其变得更坏。

§46. 诚实被一些人认为是权利来源，人类的共同福祉不能被认为是权利来源，因为在第一种情况下需要知道什么是诚实？如果这样认为，就要根据普遍观念去承认人都是品德高尚的，那么权利来源就不是诚实，也不是关于权利、非权利的一般理性认识，因此，需要其他普遍性的认识来确定权利的普遍原则。同时，人有权根据普遍观念不承认善良（诚实）是人的特征。在第二种情况下，必须确定什么有利于人类福祉。但不能确定，有利于人的个人福祉，是否可以肯定地认为全人类变得幸福了？

§47. 最后，有些人将神的意志作为权利来源：凡是不违背神的，人都有权去做。这个立场是公平的，但不是法的一般原则，因为这需要新的特征，并据此将不与神的意志相违背和与神的意志相违背区分开来，即权利和非权利。既然神是一种道德人，那么他的意志当然是通过道德法则表达出来的，但是要将神定义为道德人，就需要有道德概念。因此，这个原则，一方面，是不确定的；另一方面，对于这个事实本身还需要新的特征。

§48. 虽然最荒诞的是认为力量是权利来源，但是这个观点具有自己的捍卫者，即斯宾诺莎和一些现代法国哲学家。按照这个观点，一个人具有使用自己力量而实施任何行为的权利。这种情况本身的矛盾是显而易见的，因为它破坏了关于法和道德法则的所有概念，强者具有权利，但如果很快出现更强者，那么这个权利就丧失了。既然没有人可以依靠自己的力量优势，那么也就没有人能可靠地保持自己的权利。

§49. 因为确定权利的主要来源是为了使每个人在遇到的所有情况中区分权利和非权利，它应当在一般意义上与权利对象相关联，以便呈现出一个所有权利都具有的特征，而不具备这些特征的则是非权利。对理智而言，它应该是必要的，以便每个人承认与上述相同的对象是一种权利。

§50. 基于这些原因，权利的主要来源可以仅从理性形式中导出。判断的内容各有不同，但理性的决定性判断表达的形式在所有人那里都一样。如果一旦有人承认某种立场是符合真理的，那么可以确信，当他理解其判断理由时，其他人都会承认这点。这样就产生了一个关于权利的判断：承认某种事物为权利的人应同时确信，如果这被认为是公正的，那么所有其他人就将此认为是权利。

§51. 权利作为人类外部自由的直接对象，它的主要形式来源可以反映为以下形式：人具有所有行为和状态的权利，在这个范畴内其他人的自由根据一般理性法则被保护。因为通过侵犯自由我们证明了对其他人的不尊重，对待他们时自发地违背他们的意志，或者将他们作为实现我们目的的简单工具，那么法的主要原则可同时以反面形式予以表示：不以他人为工具达到自己的目的。

§52. 这样，在判断某种行为时，人应该严肃地质问自己，是否符合所有其他人的自由；如果符合，那么它就是无可争议的法的对象；如果不符合，那么就是非法，不应该发生的（如第26条所述）。

第三章 以权利来源判断人类行为

§53. 一个人对他人实施的行为，要么出于善意，要么出于恶意，要么最终这两种态度都没有表现。在最后一种情况下，它们被称之为不确定的行为。虽然每个行为都可以在想象上将实行与意图相互区分，但对于道德行为而言，他们都属于一个整体。被称之为善意的，部分是因为按照意图为其他人带来利益，部分是因为其他人将此看作是对于自己而言的现实利益。应该同样地看待恶意。如果无意向去行善或去作恶，或者其他人从实施的行为中意识到与预期相反的结果，那么他的行为既不是善的，也不是恶的。

附释 在第一种情况下，可以按照结果而称行为为善的或恶的，但根据意向则不确定，而在第二种情况下，可以根据意向称行为为善的或恶的，但根据结果则不确定。因此，在两种情况下，行为都缺少本质上的性质。

§54. 每个人都喜欢人们之间的相互善意，而不喜欢恶意且激起愤怒情绪。因此，每个人都会感受到促进善意和制止恶意行为的动机。

附释 知晓善意是人们的普遍和必要义务，一个人必然会形成对幸福的概念，如果每个人都向其他人遵守上述义务，那么人们就能够获得美好的享受。这建立在黄金时代的梦想，为一种人道但却无法实现的制度，罪有应得的观念如同善良之树上的不良幼芽，血亲复仇和对后代的蔑视，都是以此为基础的。

§55. 因为实施的恶是不可逆转的，甚至是无法弥补的，那么为了给恶设置障碍，理性允许对他人施恶的人通过合法的恶给予他惩罚，以鼓励善——幸福就是对善良人的奖励。

附释 如果这种秩序存在于人类事务中，那么人们因相互仇恨和不公正遭受的不幸就会大大减少。在人们所处的和平状态中，每个人不仅不伤害自己的同胞，而且还能帮助他们，这是完美的最高程度，是无法达成的，但是人们可以看到这一点，就能够更好地建立彼此的相互关系。立法使他们接近这个目标，道德更有助于实现这个目标。

如果法官和受审人没有良心，那么合法形式将没有效力。

§56. 人对待善意与恶意的平等倾向被称为正义。虽然人与人之间在教育上存在差异，但正义毫无例外地属于每个人。当我们看到，所有都是以罪恶的心态去进行时，我们会因强烈愤怒而内心失落，虽然它的罪行没有触及我们，但是如果我们自身无力阻止它，就希望上天对其进行报复。当看到正义和善良的人的痛苦和受挫的时候，我们也会陷入同样的境地；相反，当恶降临到有罪过的人的头上时，当他的意图对其本身造成极大危害时，当他隐藏在内心的罪恶和罪行变得明朗且他自己被迫承认自己行为卑鄙的时候（第27条所述），我们就会很欣喜。

§57. 要基于公正性对人的自由行为进行价值判断。在法律学说中，这个判断是根据法的原则而产生的，是区别于根据道德法则产生的内在判断。在第一种判断中，仅仅依据一个外部行为是否符合法的原则，行为人的内心意愿虽然侵犯了他人权利，但直到实际显露出来前都不属于这种判断。在内心或良心判断中，不仅要考虑行为与道德法则是否相符，还要考虑内心意愿与道德法则是否相符。

§58. 将人的自由行为与法的原则进行对照就意味着审判。拥有审判权的人被称为法官。对行为是否符合法的原则所作出的判断被称为判决。作出判决的地方被称为法院。

附释 审理案件本身,或者将所实施的行为与法的原则相对照,都被称为审判。

§59. 与法律相符合的行为被称为合法行为(因为它随法律而生,即根据法律产生)。不符合法律的行为被称为非法行为(因为这个行为不是根据法律产生的)。法律禁止已知的会侵犯他人权利的行为。侵犯他人的权利就意味着对他人作恶。道德法则的认识和基于此的正义感向我们展示了恶意行为过失人应有的恶果,以及善意行为过失人应有的善果。确定行为过失人的恶被称为惩罚,确定其善被称为奖励。惩罚相对应的是犯罪,而奖励相对应的是功劳。对行为过失人相应的奖励或者惩罚的宣告被称为判决书。

§60. 因善行而获得应有的奖励被称为功劳,因此,一个人不会因遵守法律而获得任何功劳,因为它只是避免使其他人遭受恶,而且没有产生任何明显的善,因此不能获得任何奖励。因为他的行为是按照法律规定实施的,所以是合法的;他使其他人的权利不受侵犯,他的权利就应该也处于这种状态下。相反,谁不遵守法律规定,他就会犯下罪行,因为他侵犯他人的权利,即通过限制或者消灭他人的自由对他人造成实质性的恶,所以可以公正地使其遭受相同的恶作为自己不法行为的惩罚。因此，在法律学说中，归责只要研究行为是否符合法律规定，以及是否确定有罪，与功劳的确定（如第57条所述）无关。

§61. 侵犯他人的任何行为都是不合法的。当某人以非法手段使得他人权利无法实现或者阻碍他人权利实现时，他人权利就被侵犯了。任意侵犯他人权利被称为伤害。

附释 "伤害"这个词按照其来源就表示恶，一种来自于与他相同的其他人对理性存在实施的恶。

§62. 伤害分为：

I. 按照其涉及的权利性质，当原始权利被侵犯了就被称为实质伤害，当侵犯所涉及的派生权利时就被称为是偶然伤害。

II. 根据侵犯权利的人数，伤害可以分为：①当侵犯属于社会所有成员的权利时，被称为普遍性伤害；②当侵犯的权利属于多数人或者某些群体时为部分性伤害；③当侵犯属于某个私人的权利时，被称为是特定伤害。

III. 按照侵犯权利的行为性质，当通过实施某些行为侵犯其他人的权利，伤害就是积极伤害，当通过放弃某种已知行为而引发侵权时，就是消极伤害。

§63. 伤害有两种方式：I. 根据行为人将侵权变为行

为目标的意愿。II. 没有意愿，仅按照一种与违法后果相关联的特定行为。

I. 当伤害是根据行为人意愿而引发的，那么应当区分，他在决定侵犯他人权利时是否充分运用了理性，或者有任何无关的理由削弱了理性对意愿的影响，这些与违法事件信息相反的理由引诱人实施这种行为。在第一种情况下，实施伤害一直且直接取决于人的自由。在第二种情况下，伤害的产生虽然也是根据行为人的意愿，但是作出这个行为的决定仅在削弱理性对意志的影响的外部因素作用下才会出现。

§64. 削弱理性行为的因素，实质上是被外部事物的感受或者想象力激发的强烈感觉和激情。通过使意志倾向于恶，他们要么完全停止理性行为，要么削弱理性对将意图付诸行动的决定的影响，从而构成心理强制。

§65. 按照罪犯意图实施的行为的归责应遵守以下规则：

I. 如果违法行为人希望达到违法目的，而并非受外部因素驱使，那么他侵犯他人权利的决定就被称为恶意，并其应当完全对这种行为负责。

§66. 如果行为不是因为心理强制就不可能产生，那么在这个范围内侵权或多或少都要承担责任。

§67. 如果心理强制强烈地影响了理性，以至于人陷入迷失状态，并仅因为这个原因作出违法事实，那么他不应该承担责任。但是应该指出的是，激情和强烈的感觉有时是由人的意志激发的，而有时是违背意志的。在第一种情况下违法行为需要承担责任，而在第二种情况下则不需要承担责任。

§68. II. 当某人作出在没有他的意愿的情况下根据自然法则或特定原因而产生的侵权行为，伤害就并非是按照其意愿而引发的。这里应该同时区分：I. 人在决定实施会因此发生侵权的行为时是否充分运用了理性。II. 如果人在充分运用理性后决定实施这种行为，而在无意图的情况下因这种行为而产生侵权，那么这就被称为疏忽，而侵权本身则被称为罪过。人的每个特定行为都是按照意愿产生的，由疏忽引起的伤害被认为是一般规则的例外，侵犯他人权利的所有行为都被预先判断为故意行为，直到证明相反的原因出现。

§69. 因为理性要求每个人有义务作出必要的谨慎，避免实施按照自然法则可能发生侵权的事件，那么疏忽本身就要承担责任。但过失并不具有侵犯他人权利的目的，那么据此产生的行为比根据恶意产生的行为的罪过要小。

§70. 疏忽的类型实质上是无知和误解。无知是知识的不足，而误解则是错误的知识。它们两个指的或者是行为本身，或者是构成行为的法律。无知和误解有的是可以克服的，有的是无法克服的。如果罪过行为人尽力地获取了关于使用的必要信息，但由于信息不足或不完善而产生侵权，那么无知和误解被称为是不可克服的，由于它而产生的罪过，则被称为不可克服的无知或者误解的罪过。如果他没有进行必要的信息调查，那么它的无知和误解就被称为是可以克服的，因此而产生的罪过则被称为疏忽大意的罪过。

§71. 在使用必要信息中的疏忽包括：①疏忽了与行为相违背的法律知识；②疏忽了所实施的行为是否合法；③疏忽了对行为与可能由此产生的侵权之间的关系的考虑。

§72. 按照这个原则，因无知和误解产生的违法行为的归责有下列情况：

a. 不可克服的无知和误解可规避所有的法律责任。

b. 可以克服的无知和误解不能消除法律责任，但是或多或少地要根据克服它们的便利程度，或者按照罪过人为了获取关于法律或者采取行为的正确信息而作出的努力。

§73. 伤害在没有侵犯他人权利的意愿的情况下也可以产生，在完全运用理性的情况下，当人仅因身体强制实施行为时，这种强制或是来自一个其他的理性人，或者是毫无意义的自然行为，虽然人知晓自己行为的性质和禁止这种行为的法律知识，但是也会不符合理性要求并违反意愿侵犯他人权利。身体强制或是可以克服的，或是无法克服的。当人拥有强力时，就可以克制住外部因素，那么强制就被称为是可以被克服的，如果他由于内在力量的不足而无法实施行为，那么强制则被称为是不可克服的。

§74. 因强制而产生的归责等级取决于强制力的程度：

a. 由于不可克服的强制而实施的行为不承担责任，因为人不能对无能为力的行为负责；但如果这种不能是由人本身意志引发的，那么由此实施的行为就需要承担责任，因为它的出现是由于考虑不周或者由于疏忽大意。

b. 根据可以克服的强制产生的行为应当承担不同程度的责任：越具有强力手段的强制，去克服它的力量就要越大，那么因强制产生的行为的责任就越小。相反，越弱的强制需要去克服它的力量就越小，因这种强制产生的行为的责任就越多。

§75. 如果一个人缺乏理性而侵犯他人权利时，那么他对这种行为不承担责任，因为他不具有关于完成该行为的性质的知识，也没有禁止这种行为的法律知识。基于法律机械论，给其他人造成的损害被看作只是偶然性的。理性的丧失是基于人的意志，不能在无意志的情况下自然出现。在第一种情况下，给其他人造成的伤害需要由罪过责任人直接承担责任，在第二种情况下则不承担责任。

§76. 人处于这些状态时：①智力缺陷：智力低下、由于老年和耳聋而出现的迟钝、痴呆、愚蠢；②精神疾病：行为乖戾、神经错乱、狂暴；③间歇性失去理智：做梦、梦游症、晕厥。

§77. 惩罚就是违反义务人所承担的恶。按照这个词源，惩罚意味着罚款或者将财产收归国库。

§78. 受惩罚的最直接原因是实施了违法行为，因此应该对此予以区分：I. 出于防卫或者保护自己，包括为预防我们的自由不受侵犯而限制他人的任意性。后者分为：①适当地保护可以阻止已经开始的伤害和实施伤害的行为；②以预防措施避免预谋的伤害。在这种情况下实施的恶，不被认为是惩罚。II. 惩罚应该区别于教导，教导表示对人实施的恶不只是为了阻止他的违法行为，还是为了促使其实施合法行为。虽然教导也是基于违法行为而产生的，但是实施它的原因在于促使人依法行事。

§79. 根据理性法则，所有的惩罚都源于道德存在的意志。因此，根据自然法则采取某些行为所产生的恶，不能被称为惩罚；自然不是道德存在，自然法则与理性法则完全相区别。因此对它实施的恶通常伴随着合法行为，不会伴随着非法行为。

§80.惩罚不应该被看作是道德报应，它只能根据道德法则产生，而不能根据法律规范产生。为了确定道德报应及其程度，应该知晓人行事是否是依照自己的良心准则，或者已经远离良心准则多远，这是人类判断不能确定的。谁也不能准确地指出自己在某种情况下的道德表现如何。只有无所不知的人才能按照良心准则准确判断人类意志的善恶程度。

第四章　天赋人权

§81. 原始权利产生于自然本身并被称为天赋权利，基于人与生俱来的性质，其本质在于：①内在的，即理性和意志；②外在的，即能够实现理性为自己设定目的的有机体。

§82. 最初人仅仅拥有对自身的权利，即本人的权利，因此这个权利被称为人身权。据此每个人可以按照自己的决定支配自己的精神和身体力量并要求他人不能阻碍他。

§83. 每个人都必须认识到自己是独立自主的人。这种认识变为必须遵守的法律，据此我们必须认识到其他人和我们一样是独立自主的人，从那里我们应发现对待他们如同对待人一样的义务。因此，谁要对待其他人像对待物一样，那么就违反了自身理性认识。一个人把他人贬低为简单的工具,仅仅是从表面上不承认他们的人身权,内心则完全承认人身权的所有能力,因为他无法改变自己所确信的事情,即他自己是一个自由人,其他人与他具有相同的本性,都有平等的自由权。

附释 只有感官冲动才会导致人侵犯他人权利;他一定会承认自己的过错。必须遵守理性法则的信念有时对人的影响非常强,以至于一个人在秘密地实施犯罪后,他自己将自己交付审判或者使自己遭受恶,这是为了恢复被违反的法律的效力,而这些法律是因秘密实施行为而失效的法律。

§84. 人的自由是受限的:I. 受到他人自由的限制;II. 受到属于他的权利数量的限制;III. 行使权利所必需的体力和精神力量的限制。

因为自由权是所有人的普遍权利,每个人不仅可以自己行使,还要符合所有其他人的自由。在这些自由界限之内的被称为是合法自由,超越上述界限就是违法的,被称为无法克制、恣意妄为、粗鲁无礼。如果不能对侵犯他人权利的行为产生影响,那么权利就是不现实的。

§85. 一般意义上的权利是任何作为或不作为的自由。人对此具有权利,那么就可以自由地行为。因此,人的自由是受其权利限制的。人拥有的权利越多,就具有越大的自由，相反，拥有的权利越少，其自由也就越小。这样，权利越重要，自由就越重要，权利越次要，自由就越次要。但是这些应仅被认为是对于所有人都一样的内容上和形式上的权利，例如，每个人具有建造房子的形式权利，但是只拥有必要财产的人才拥有对这个房子的内容性权利。

§86. 人的自由还要受限于它的体力和智力，因为行使权利取决于人性赋予权利的自然力量。当缺少内在力量或出现行使权利不可抗拒的障碍时，无可争辩的权利也可能实现不了：每个人有权成为发明家、诗人或其他人，但是实现这些权利的只能是具备实现这些权利的必要才能的人。那么应该理性看待体力，人的自由的空间取决于它的大小。

§87. 人的一切权利无论有多大差异，都与人身权有关，其中最重要的是：I. 生命权；II. 使用自己力量的权利；III. 获取幸福的权利。所有其他权利都隶属于这些最重要的权利或者是源于这些权利。

第一节 生命权

§88. 每个人都有生命权，根据普遍原则，每个人可以保有那些不侵犯他人自由的东西。因此人在自然状态下谁也不能支配它的生命,① 也不能命令或者觊觎他的生命。只有在内在义务(如第83条所述)的这种关系中限制他的任意性。

人的生命本身并不是终极和绝对目的,而是从生命是所有道德完善的源泉的这个事实中借用了它的尊严。一个人支配自己的生命是否符合该目的不是根据法律规则决定的。从这里可以看出:①人为了达到他所希望的目的可以牺牲自己的生命;②因为生命是为达到道德完善的方法,因此谁也不能剥夺它,因为剥夺这种方法就意味着阻碍他人达到目的,这也违背了法的一般原则。

§89. 生命权是保护自己生命免受他人侵犯的权利。如果人不得不通过杀死不正当的侵犯者以捍卫自己的生命,那么理性就赋予他这种权利,因为在这种情况下无辜者的生命与罪过人(侵犯者)的生命处在对抗中;其中的一个必然会被剥夺;但是理性法则认为,以牺牲罪过人的生命来保护无辜者的生命是正义的。

§90. 生命权同时包括获得它的必要条件的权利,即

---

① 士兵被派去参战,但他们是根据社会契约产生的每个人保卫国家的义务。谁承诺居住在该国家,他要承诺履行赋予该国公民的义务。因此,士兵根据契约履行危险的兵役。

自然所赋予的力量。人的生命有两种：①基于体力完整和能力完整的物质性生命；②基于认识力完整和认知能力完整的精神性生命。体力直接与人的身体相关联并服从人的意志，因此它只能按照自己的决定来使用和支配。所有尝试对他体力完整的侵害都是侵犯自由，这就是为什么可以使用暴力或者对侵犯者施加恶的原因。

§91. 人有权通过不同形式保护自己的认识能力。自由基于预设目的的能力，为实现目标选择方法并使用；这个行为可以通过认识能力来完成。因此，谁损害或者毁灭它，那么谁就阻碍了人以自由人的方式而存在。虽然认知力实质上是内在的，不应该受到其他人的直接影响，但是作用于身体器官的手段能停止他们的使用或者全部毁掉，因此所有这种行为如果与权利不协调，都可以通过强力体现出来。谁妨碍他人按照人的方式存在，那么他作为人就是受制于机械强制的，而不是在理性法则之下。

第二节 行动权

§92. 人的行为分为内在的和外在的。第一种实质上是本身不能侵犯他人权利的行为，因此每个人都有不可否认的权利来实施这种行为。包括思考和意愿的能力。一个人能够设定目的并确定方法，还需要有思考能力，因为预设目的和选择方法取决于对这方面的认识，而达到目的取决于这个认识的真实性。为了让人能够相信真理，对此就要求他以本身的自主思考理解他所相信的真理的证据。这种信心不取决于人的意志，而是取决于说服理智的论据的力量。因此人不能违背自己的信念歪曲真相。违反一般看法的过失不是犯罪。因为对这些人施以的所有惩罚是不公正且根本不符合目标的。

§93. 在广义上，意志自由是基于思考自由。每个人有权控制自己的意愿，因为每个人都有权按照自己的判断行事，即根据理性形成的对事物的认识，只要他的行为不会给任何人造成损害。

§94. 内部行为在本性上不能侵犯他人自由，因此所有人对此都具有不可否认的权利。但是外部行为会因为性质，或者因为情况的巧合而与其他人的权利相互抵触。第一种在任何情况下都是不能被允许的，因为理性法则总是有效的。第二种只有当可能损害他人权利时才会被禁止。

§95. 某人实施了外部的合法行为，其他人实施这种行为也不承担责任，他重复同样行为的权利也不会丧失。否则，必须禁止人们以理性赋予每个人的权利的大部分行为。

§96. 如果某人意欲实施合法行为以便他人能够通过这个行为达到非法目的，那么他就会丧失行动权。但是其他人对我们的行为进行滥用，并不是我们的恶意的表现；而是需要其他论据证明这个意图的存在。

§97. 一个人有权实施一定的行为就是赋予他人允许这个行为的义务。他人的合法行为对我造成的伤害并不赋予我反对他实施这些行为的权利。

§98. 自由行动权包括自由地向其他人阐明自己的思想。每个人都有权努力提高自身的能力，这是与其他人进行交流的重要方法。禁止实施这个行为就意味着不允许人达到他可以达到的完善程度，因为人们之间的相互交流或多或少地可以拓展和完善自己的认识。只有通过思想的自由交流才可以理解真理，在这种情况下，每个人都有机会相信自己的判断，并确信自己认为可疑的东西。

§99. 由此就产生了训诫他人的权利以及接受他人训诫的权利。被一些人认为是错误的判断，不会使认为这些判断是真理的人受到处罚，虽然这些人占少数，因为，第一，真理不是由多数票决定的，而是由强有力的论据决定的；第二，真理基于人对自己的判断是准确无误的内心信念，而不是他人的例证。假设一个人可以陷入他人的错误之中，但不能认为这是思想自由交流的障碍（如第96条所述），因为这个结果仅仅是可能性的，而一个人表达自己思想的权利是不可否认的。①

§100. 如果谁通过恶从他人那里获得信息，那么任何行为和思想交流都不能认为是违法，因为第一，思想交流不会必然导致我们的行为；第二，每个人都有权告诉他人自己掌握事物的认识；否则就必须强制一个人说谎，这完全违背每个人拥有的完善自我并消除所有不完善的权利。

§101. 自由思考和行动的权利是宗教自由信仰权的基础。宗教的尊严和神圣在于它帮助人们在道德上取得成功并维持它。它的帮助程度只有人本身可以确定，因为对真理的确信并不取决于它的任意性，只有研究证实或者反驳我们意见的论据才是我们的意愿。因此所有对宗教的迫害都是违法的暴行。如果对于经验范畴内的事物，人们经常相互存在误解或者矛盾，那他们如何能够基于抽象的理性认识而达成一致呢？谁能授予自己独断专行的权利，并使自己的意见成为对其他人而言不可争辩的法律呢？

附释 信仰教义中的错误只能通过启蒙来根绝。迫害可以使最迷信的宗教得以根深蒂固并传播。宽容异教

---

① 邪恶的人可以利用圣经的真理来欺骗和误导他人。那么由此应该禁止传播圣经吗？

是打败分裂教派的最可靠武器，因为它给人们时间去反思自己所信仰的教义。

§102. 因为人有权不侵犯其他人的外在完整权利，那么每个人可以自由地信仰自己的宗教。为了证明我们的多神教信仰和我们对它的感激之情的行为总和被称为供奉，这种供奉通常有内在的和外在的。第一种是对多神教的内在信仰，以及向它证明我们的忠诚、爱和感恩。第二种是证明我们对多神教的信仰和我们对它负责的外在行为。

§103. 人有权在内心供奉神灵，因为这按照其性质不会侵犯其他人的权利。当不侵犯其他人的合法自由时，在外部供奉神灵也不应该受到任何限制。

§104. 因此任何人都无权强迫其他人接受自己的宗教信仰。国家最高权力只有在发现宗教对公民的自由或者社会秩序和安定有害时才有权否定某种宗教信仰。因此在机制良好的国家中都会赋予所有宗教以完全的自由。

第三节　获得幸福的权利

§105. 人根据自己的人性希望愉快而拒绝不愉快。其追求和向往的最初目的是要维护人类的生存。生命权授予每个人维持生命和享受生活的方法的权利。

§106. 幸福的概念是相对的,因为虽然所有人的感性都一样,但是作为有利于促进幸福的东西,人们通常都是互不赞同的。因此人只有自己可以明确,什么是有益他幸福的,什么是不利于他幸福的。虽然他可以在选择维持生命和享受生活中作出错误的选择,但其他任何人都不能支配他的行为,因为这意味着剥夺了一个人的自由,任何没有自由的幸福都是毫无意义的。这里还清楚地表明,每个人都有权选择认为是与自己幸福最合适的生活方式和职业类型。

§107. 一个人根据天性有权享受的幸福之一是良好的名声或荣誉,这是其他人对我们值得称赞的看法。它的基础在于:①人性尊严被看作是普遍的;②一个人所实施的行为被称为是特殊的。所有的人都是在理性法则之下,并承认这是真正的法则;只有特殊的情感冲动才会迫使人们逃避法律约束力。因此,每个人都被认为是符合正义的,直到外在行为证明这是相反的,即直到对其他人进行侵犯。谁错误地将实施不法行为归咎于其他人,谁就是侵权者。但是谁以外在行为表明了自己的不正义,那么就不能要求别人承认他是正义的,否则他就有权强迫其他人改变自己的信念或者说谎话(如第101条所述)。

§108. 为了正确认定某人是不正义的，那么就需要不正义行为是显而易见和无可争辩的。因此，因怀疑他人实施不正义行为而判定他人有罪的人被认为是侵犯者。

§109. 宣布某人的行为要比其他人完美，如果用言语来表达，就被称为是特殊荣誉或赞美。任何人都没有原始的特殊荣誉权，因为：①按照天性所有人都是相同的并且他们的原始权利都是一样的；②特殊荣誉是基于人的卓越性完美，然而这种完美无法通过其他方式提供，而需要通过外在行为被显现出来。因而，特殊荣誉权不是先天的，而是后天获得的。这样，任何人先天都没有权利要求优先的荣誉，强迫其他人称赞自己并在自己面前表现出屈辱。

§110. 某人的行为被认为对别人而言是不完美和有缺陷的，如果用话语表现出来，被称为鄙视或者指责。因为人性在所有人那里都是一样的，谁也不能被鄙视。身体和精神力量上的优越性不能赋予人以权利来贬低那些不完美的人，否则权利就是基于物质属性而非理性法则的，这本身就是相互矛盾的。同样的，自然力量的缺陷不能改变人的天性，因此这不能成为鄙视或者屈辱的理由。

§111. 不良声誉的最高程度被称为名誉败坏和耻辱。因为名誉败坏都是基于违反义务的外部行为，基于习性产生的外部行为的任何人天生都不会是名誉败坏的人，因为任何人都不是一出生就违法。因此,谁将正义的人宣布为名誉败坏的人,就是在侮辱他。

§112. 物的使用必然附属于人的生命延续和幸福。实现目的的权利包括使用实现目的手段的权利。如果这并没有侵犯他人的自由,每个人都有权自己决定如何使用物。谁在使用物的过程中妨碍了其他人,那么他就违法了,因为,第一,妨碍他人实施行为实际上就侵犯了对方的自由;第二,剥夺他人延续生命和生活乐趣的方式,实际上就侵犯了生命权和幸福权。

第五章　原始权利的性质

§113. 原始权利被赋予了所有人，因为他们直接基于自然本身，它在所有人那里都是相同的。身体和精神力量的缺陷和不足不能作为剥夺任何人原始权利的理由，因为不能以此为由改变人的天性。

§114. 一个人不能行使自己的权利，也不意味着赋予他人剥夺这种权利的权利，因为第一，它没有一种状态是不变且必须总是如此的，第二，人不会因为这种不能而成为简单的物，而总是保留着我们可以注意到道德存在的方式，以及理性通过它可以在物质世界实现自己目的的方法。

§115. 因此，原始权利同样被赋予儿童、智力低下的人、精神疾病患者及其他人。只有当理性法则允许时，其他人才有权限制他们的行为。

附释 欧洲国家对世界各地游牧民族的自由和财产的觊觎完全违背了这个原则。

§116. 对原始权利而言,所有人都是平等的,即将相同的权利赋予他们,因为这些权利的基础对于所有人而言都是相同的。这种平等在于,每个人根据普遍法律就可以行使自己的权利,并且任何人都不能阻碍他。因此,按照同一种法律,一个人对于其他人的义务是相同的;一个人只能向其他人要求对于对方而言是义务的行为。任何超越限度的要求都是为自己谋取特权或优先地位的违法努力。

附释 这里提及的仅为对人们作为道德存在所相宜的权利,即对于每个人而言是完全平等的形式权利。但是不能以任何方式证明,市民社会中合法地属于人们的权利是平等的。承认这种平等就意味着摧毁了对权利的所有认知,因为那时必须要么禁止每个人比他人获得的更多,要么规定每个人的盈余都交给那些比他更贫穷的人,这两者同样都会摧毁了关于财产和公平的所有认知。

§117. 原始权利本质上是不可让与和不可剥夺的,因为只有取决于自由行为的权利才能够被让与;但是原始权利并不取决于那种自由行为,相反,人的所有自由行为都依赖于原始权利,因此人的自由实际上取决于他们的道德本性。

§118. 让与权利意味着放弃自由行使权利；但是原始权利由个人所拥有的自由构成，它与人的存在是不可分割的。虽然一个人可以为了让与自己原始权利的某些对象而实施外部行为，但是不能否认确定它形式权利的理性法则，因此，这种让与是没有任何行为的。

第二编

相对权利

派生权利

§119. 从本性上讲，人只有原始权利，但是通过自由行为可以与被称为派生权利的其他权利发生关联。获得权利的行为被称为取得。谁取得了对某物的排他权，他就被称为这些物的所有者或者主人。

§120. 为了使取得能成为物权的基础，就要求它要由权利而产生，因为非正义不能成为正义的根据。因此对每一项取得的权利应该辨别：

①合法的借口，即取得理由；

②根据合法的借口实施取得的方式或行为。

§121. 人对物使用的先天权利是取得的合法借口，取得方式则根据物所处的状态不同而有所区别。其中一些不属于排他占有并被称为无主物，而其他则是排他权利的对象。无主物的取得是根据取得人的个人意志所进行的，因为谁也不会因此受到侵犯。取得归属于其他人所有的物，只有在经过所有者同意的情况下才可以，否则它就违背了普遍的自由法则。取得物的第一种方式被称为原始取得，第二种方式被称为派生取得。

§122. 通过原始方式取得物被称为占有，根据物的所有者与取得者的协议的权利转让被称为契约。这样，相对的自然权利分为两章：第一章阐述原始占有法则，第二章为契约法则。

第一章 占有

§123. 所有权是一种在不侵犯他人权利的情况下排他使用物的权利。该权利对象也被称为所有物。排他地使用物要求它在这种关系中为我们所占据,为了我们可以排他地支配此物,我们与物的这种关系被称为广义上的占有。在狭义上的占有中人与物存在这种关系,即人需要具有占有物的能力,且同时具有排他地支配此物的意图。据此,占据作为占有的开始被称为"据为己有",这种方式将无主物变成自己的物,被称为占有。

§124. 一件物最初不排他地属于任何人,因此任何人都可以随意使用,任何人都可以占有它,因为谁有权以任何方式使用它,谁就有权排他地使用它并且永远保持这种状态。因此,占有无主物的合法借口存在于人们使用它

（如第113条所述）的原始权利中。

§125. 占有要求：I. 占有某物的意志；II. 占据着物；III. 作出标记；IV. 对物有占有的能力。

§126. I. 意志是占有的必要要求，因为谁也不会违背意志而成为物的占有者；否则占有就是非权利性的，也不用履行什么义务。但是，任何义务都源于禁止暴力的普遍自由法则，因此禁止强制获取权利。因此，一个人通过对物的状态的物理影响并不会成为物的占有者，因为一个人可以无意图地对完全排他占有物而施加行为。

§127. II 但是单凭意志不能确认无主物的所有权，因为第一，许多人可能同时具有占有同一物的意图，因此每个人都将获得对某物的排他权，这本身是自相矛盾的；第二，一个人的意志对于他人而言并不是法律。因此，如果他人实际占有某物，那么某人仅有占有某物的意图，他就不能认为自己被侵犯了，因为在这种情况下他的外在自由并没有受到侵犯。

§128. 但是，为了获得对无主物的排他权，必须对我们采取这样的态度，以便其他人不能在不侵犯我们权利的情况下支配它。被任何外在自由行为将物带入这种关系的行为，称为占用，因为这是从排他地占有该物的意图而产生的。任何人从所有者手中夺走某物或违背其意愿使用该物，都将侵犯其个人权利，因为破坏理性存在的行为就意味着阻止他实现合法目的或将其用作手段。所以，无主物的占有者并不是第一个想排他占有它的人，而是第一个用一种被称为占据的行为占有它的人。

§129. III. 一个人占有某物就使他人有义务不能随意使用它，那么所有者就有必要声明他对该物的排他占有的意志。这是通过提醒他人该无主物已成为个人所有的标志来实现的。这些标志要么是自然的，即无需任何事先约定就可以知道为谁所占有的，要么是人为的，即由双方协议确定以表明占有。

§130. 自然标志是：①与自己体力或与自己有关的物的内容。因此规定了一个规则：谁有对物的身体能力，他都被认为是所有者，除非有其他原因证明是相反的。②符合某种相应目的地对物加工。因此，为任何目的对物进行加工的人都被认为是所有者，除非有其他原因证明是与之相反的；人为标志是无限的，可在自然标志不充分的地方随意使用。

§131. 标志的使用不是为了加强所有权的，而是用来提醒别人该物已经被排他地占有了。因此，有助于实现此目的的任何标志都被认为是充分的。所有权的不可侵犯性不取决于表示任何物的标志的重要性，而是取决于禁止侵犯他人权利的法律效力。损害他人所有权的人是侵权者，无论其行为是在被损害物被合法所有人改造后，还是当它保持了自然样态的情况下，它的属性都具有某种外在性，尽管很不重要，但表象特征不容置疑。

§132. 关于占有该物的意志的口头声明不是占有的充分标志，因为，第一，语言并不总是能反映真实情况，因此占有的口头声明可能是不真实的，此后该物依旧保持无主状态，并遵循第一个取得者的个人意愿；第二，任何人都无权强迫别人相信自己，因此，一个人不能仅因为宣称某物是属于他自己的，就强迫别人认为这个物是他的财产。

§133. IV. 不能被占有的是：①没有占据的物，因为占有无主物需要有外部行为；②同理，如果一个物无法标记，那么就不可能获得对它的排他性占有，因为每个人都可以有权利将它作为无主物使用；③不能占有的物，其排他性占有是与其他人的个人权利相违背的。但这是看作他们的整体结构，部分可以属于我们排他地占有，只有在这样的范畴内，其他人的个人权利才不会因此受到侵犯。

附释 因此，河流可被占有，而开阔海洋则不能被占有。

§134. 由此可以清楚地看出，占有的界限是：I. 体力能对物产生行为。II. 其他人的权利。在第一个方面，人只能将占据的和标记的物变为自己的财产。任何企图占有不能排他占有的物都是一种不合理的意志。在第二方面，任何人都不能扩大自己的占有权，并据此侵犯他人权利，因为违反正义不能作为权利的依据。这意味着：①任何人不得违背他人的意志或未经同意而取得他人的所有权，因为个人权利就在于自由地自我支配。因此，人通过侵权进行的占有，彼此同意也不能成为占有的借口，因为个人权利是不可分割的；②任何人都不能占有他人的所有物，因为这样的占有是对权利的侵犯。

§135. 占有某物的人，只要他有占有的意志，就仍然是物的占有者。因此，所有权不限于对物的实体占据，因为占据不是对物的物理影响，而是一种获得所有权的方式。没有实体占据某物被称为抽象占有。

§136. 获得某物所有权的人都可以在不违反他人权利的情况下对该物以任何方式使用。正如使用物有许多不同的合法方式一样，所有者对其财产也是如此。但所有这些都与所有权中包含的三个主要概念有关，它们是：I. 占有权；II. 处分权；III. 使用权。

§137. I. 占有权是指使某物达到可以保留和保持这个物的状态的权利。由此，所有权人有权禁止所有其他人使用该物，拒绝任何人占有该物。因此，他可以用任意方式隔绝、封存、隐藏和保护自己的物，并在丢失的情况下要求归还。

§138. II. 根据处分权，所有权人可以改造自己的物，改变它的性质，将其有偿或无偿地供其他人使用，按照其用途和违反其用途使用它。

§139. III. 使用权包括，物的所有者可以将其用作实现其目的的手段，并自行决定使用该物的所有性能、附属物和孳息。因此，他也可以将某物闲置或允许他人使用。

§140. 所有权人对某物权利的增加是基于使用权的，在这个名义下通常指将某物纳入我们的所有权。它以三种方式发生：①当我们的财产产生了另一种特殊物质的物时，它被称为孳息；②当物获得新的性能或原有效用变得更加完美时，称为改进；③当我们的财产由于外因而增加了另一种东西并与之形成一个整体时，这称为狭义上的添附。通过这些方式增加为财产的物被称为添附物，而被增加的财产本身就被称为主物。

§141. 从狭义上讲，添附要么来自自然作用，要么来自人类的劳动和技术，或者两者兼而有之。第一种叫作自然添附，第二种成为加工添附，第三种叫作混合添附。通过加工和混合添附到物中的，要么是物质，要么是形式，在后一种情况下的添附称为改造。

§142. 如果附着在财产上的物是无主物，那么它就属于主物的所有权人。谁占有这个物，谁就是违背所有者意愿以他人所有权为手段为自己谋利。如果添附物是另一个人的财产，那么它就属于最初的所有权人。但同时必须区分，物的合并是偶然的还是其中某个所有者的意图；在第一种情况下，每个人都可以将自己的财产与其他人的财产分开。用于分离的费用由双方共同承担，但因合并而造成的损失由受损物的所有权人承担，因为是出于偶然情况给物主人造成了损失。在第二种情况下，物的合并和分离所产生的损害和费用由合并它们的过失人承担，因为任何人都不能因他人的故意或错误而丧失自己的权利。

§143. 当添附物以某种形状存在时，那就必须区分是否可以恢复该物的原状。在第一种情况下，所有权人可以要求改造者将其财产恢复原状或对物的损害进行赔偿，在第二种情况下，当物的原状不可恢复时，他同样有权要求给予赔偿。如果所有权人证实在无法将形状与它所附着的物分开的情况下，应要求改造者进行赔偿，意味要证明一个人有权强制将物交给其他人并要求赔偿（如第127条所述）。

§144. 当占有权、处分权和使用权同属于一人时,则称为完整的所有权;当这些权利属于不同的人时,就被称为不完整的所有权。如果物的所有者限定自己以某种条件占有或使用该物,则称为有限所有权。通过同时占有或自愿协商,许多人可以共同对一件物拥有完整的所有权,称为共同所有权,其中一个共有者的权利限制另一个人的权利。

§145. 其他人的普遍义务要符合所有权人的权利,不能阻碍他合法行使其所有权。如果明知,但以偶然形式控制了别人的所有物,虽然法律没有规定我们要以积极方式协助返还该物,但不能支配他人的物。因此,我们不应该隐藏属于他人的物,以及反对提出交出该物的要求。

§146. 这样,谁违反合法所有权人的意志而占有他人的物,那么他就是非法所有权人并被称为非善意占有人或者善意占有人,这要看他是否认识到自己占有的非法性。

§147. 非善意占有者是侵权者,因此有义务:①立即将物恢复原状,通过恢复它而停止侵权;②返还从该物中获得的所有利益,否则非法占有其他人的物就成了获得这种利益的方式;如果非善意占有人从该物中获得的利益比占有人能够获得自己占有物的合法利益少,那么因权利损害同样也要给予补偿，因为这些是根据非善意占有人的意志而产生的；③应补偿合法所有人的一切损失，否则如果不能获得完全的补偿，合法所有者的权利就会被侵犯。如果当物处在合法所有者的控制下就不会发生损害，那么合法所有者对于偶然损害有权要求赔偿，因为这个损害是非法占有所造成的。

§148. 谁认为某物为无主物而占有他人的物，那么谁就获得该物的虚假所有权，它被看作是同样的真实所有权，直到这个占有者的错觉被发现。因此虚假占有人或者善意占有人对这个物拥有的权利属于合法权利。但当其错觉被证实了，他就会出现下列义务：①将物归还给合法所有权人，拖延和逾期未归还就会使他成为非善意占有人；②返还由物所产生的利益，因为错觉不能成为获得利益的合法方式。但是因他疏忽大意或者其他情况给物造成了损害的，不承担责任，因为第一，他占有的物就如同自己的所有物一样，第二，任何情况所损害的都是物的主人，而不是实际上碰巧占有这个物的人。

§149. 不过，合法所有权人可以要求的仅为自己的所有物。如果善意和非善意占有人为了保养和必要使用对该物支付了必要的费用，那么合法所有权人不能要求由此产生的利益，除非偿还这笔费用。善意或非善意占有人为了装饰而在物上添加其他物品，那么合法所有权人可以在不损害物的性质的情况下予以接受。如果装饰他人物的合并物无法分割，那么它们就归所有权人，所有权人也没有义务对此进行补偿（如第144条所述），因为对于他人作出的某种行为的义务，要么是根据意愿，要么是非法的。但是，在这种情况下，装饰与物的结合并不取决于所有权人的意志，而装饰的意外损失也不是由于他的违法行为。因此，赔偿的义务不会落在他们任何人身上。

§150. 所以，任何违背所有权人意志的行为都是对他自由的侵犯。不是对物损害的程度，而是对所有权人的自由的限制构成了伤害的概念。因此，无损害使用他人所有权就是违背所有权人的自由，是不能被允许的。接受这一点的人并非基于普遍的自由法则，而是基于实际的偶然观察，但他们从经验中得出的规则不能作为永久的和普遍的自由法则。

§151. 这样，与权利捍卫者的概念相似的紧急情况权也不能被允许，这是在必要时行使他人所有权的权利，因为违背所有权人意愿使用他人的物就意味着侵权。因此，紧急情况权就是侵犯他人权利的权利，这本身是矛盾的。

附释 根据需求和法律，这还会发生变化，这不意味这种需求要将非法行为变成合法行为，但是这种需求有时会迫使一个人违法。

§152. 所有权以不同的方式终止，有些方式不取决于所有权人的意志，有些则取决于所有权人的意志。第一种情况包括：①物被毁损；②物被遗失；③所有权人死亡；第二种情况包括：①将物遗弃；②契约。

§153. 当某物被毁损时，所有权人的权利也随之终止，因为当物独立于所有权人意志的情况下，实体权利就消失了。因此，共同财产的所有权人如果是意外死亡的，就不能要求其他共有者赔偿。同样，当实体权利被毁损时，所有权人不能要求其他人履行相应的义务。但如果是由于他人的意志导致了物的毁损，所有权人虽然失去了实体物，但没有失去权利，因为他可以要求赔偿损失。

§154. 所有权因物的遗失而终止：①当物是自然形态时；②当表示排他占有物的标志消失了，因为在这两种情况下，其他人的责任因抑制使用该物而被消除了。因为人造物上有人类的劳动痕迹，所以遗失了并不会剥夺权利人的所有权。因此，发现人造物不能成为一种取得方式。

§155. 所有权人的死亡终止了他与物理世界的所有联系以及与其他人的关系。在他去世之后所遗留下的物就成为无主物了，因此任何人都可以占有这些物。这可以说明，无论是无遗嘱继承，即通过亲属关系的继承，还是遗嘱继承，即根据已故所有者的意志的继承，根据自然法原则都是不允许的。

附释 实定法也不承认继承人是死者财产的必然所有权人，因为他们可以拒绝继承，即他们有权不取得因所有者死亡而成为无主物的物的所有权。这种对于那些习惯以他们所知道的方式看待事物，且不知道如何区分法律义务和道德义务，以及区分理性原则与实定法的人是很奇怪的。

§156. 所有权可以通过契约或双方协议从一个人转移给另一个人。但无遗嘱继承不是契约，所有权人的死亡并不表示同意将他的物归某人所有。近亲属不能作为继承的合法借口，因为亲属因素不能将一个人视为另一个人的财产的所有权人。

附释 实定法本身也不会因近亲属因素而混淆所有权。父亲不能认为子女的财产是自己的，子女也不能认为父亲的财产是自己的。配偶的财产也是如此区分的。

§157. 所有权人在死亡时对其财产的安排称为遗嘱。因为这个行为的目的是权利转移，这在自然法上也是不允许的，因为：①每个人只能在生前享有他的权利和义务，但立遗嘱人则是作出在他死后获得这些权利和义务的安排。因此，他赋予了自己被剥夺死亡的权利；②仅有转移权利或义务的愿望不足以实现对它们的让与；这必须得到接受者的同意，这在遗嘱中没有体现。接受立遗嘱人死后的承诺也是无效的，因为所有权人因死亡失去了对自己财产的转让权，而任何转让都必须要承诺；③违背遗嘱并不侵犯立遗嘱人的外在自由，因为他并不存在于物质世界，因此当他为继承人遗留下来的物被其他人转变为自己的财产时，他不会因此受到任何侵犯。

附释 公共秩序和利益促使立法者宣布遗嘱继承和无遗嘱继承是取得的合法方式。如果没有这个制度，富人的死亡可能是抢劫的前兆，财富的积累和谨慎处置在很大程度上取决于所有权人确信他的财产将在死后归他指定的且在生活中对他有利的人所有。

§158. 当所有权人不再拥有占有该物的意志时，对该物的所有权也随之终止，这称为遗弃。取得或使用该物的人不违背原所有权人的意志，也不侵犯任何人的自由，因为遗弃物已成为无主物。但是遗弃该物的标志和迹象必须是明确的和明显的。基于无法充分表示放弃某物的标志和迹象的人，他就是违反了所有权人意志使用或占有该物，他就是侵权者。

§159. 时效是经过长期和持续不占有而导致的权利终止。经长期和持续占有而取得他人的物的所有权也可称为时效。第一个可以称之为消灭时效，第二个可称之为取得时效。

§160. 自然法原则不承认消灭时效，因为一个人只有当他不再有拥有某物的意志或同意将其让与他人时，他才不为该物的所有权人。但是，长期不占有和不使用该物并不是遗弃它的标志和迹象，因为所有权人根据所有权可以在没有任何指令的情况下遗弃该物并且不从中获得任何利益（如第140条所述），但他并没有因此丧失权利，因为有权处分某物的人可以不去处分，有权使用某物的人也可以不去使用，因此无论哪种情况，他都是依法行事；因此，如果所有权人因长期不占有、不使用该物而丧失了自己对该物的所有权，那他也就丧失了这个物，这本身就是自相矛盾的。

§161. 如果所有权人没有因为长期不占有和不使用而丧失某物，那么任何人也不能通过长期占有和使用而获得他人的所有物，因为人们只能自愿地占有无主物，但如果某人不拥有、不占有和不使用自己的物，那么它也不会因此而成为无主物。因此取得时效是不被承认的。

§162. 只有当毫无疑问地证明了所有权人已去世时，长期不占有才成为无主物的标志。在这种情况下，物的所有权不是通过时效取得，而是因为物的无主性，也不是通过长期拥有物的所有权,而是通过占据这个物。

§163. 当所有权人根据自愿协议将其物权转让给另一个人时,所有权即因契约而终止。这种权利转移所依据的法则是下一章的主题。

第二章 契约总论

§164. 一个人可以自发地取得无主物的物权且可以不顾他人意志进行支配，但属于他人的物权，以及他们的行动权和服务权，只有征得他们同意才可获得，因为自发要求从其他人那里获得服务或者交付任何物都是侵犯他人权利。因此，为了让我们合法地要求其他人为我们的目的而行事或为了我们的利益而限制他们自己的合法自由，需要他们的同意。宣布为他人做某事的意志被称为承诺。同意接受所承诺的事项或权利被称为接受。接受的承诺称为契约。

§165. 向他人让与其权利的人称为承诺人，表示接受所提议权利的意志的人称为请求人，因为他获得了要求承诺人履行其自愿接受的义务的权利。承诺人和请求人意志的统一被称为协议。

§166. 承诺人的承诺为请求人提供了取得权利的可能性，因为当他人占有他的权利时，放弃自己权利的人不能认为自己被侵犯了。请求人通过接受承诺，宣布其已将被转让的权利合并为自己的权利，并由此成为其所有权人。接受之后，任何人都不能觊觎请求人所取得的权利，承诺人本人也不能再将其置于自己控制之下，否则他就会企图行使他人的权利。

§167. 当承诺被接受时，可转让权利仅与请求人的权利相合并，承诺不被接受的，承诺人就可以保留其权利或将其转让给他人。请求人或权利转让人不能认为自己被侵犯了，因为没有声明拥有该物的意志的人不能认为自己是该物的所有权人，因此其他人对该物的使用不能认为是对自己的侵犯（如第128条和第129条所述）。

§168. 请求人通过契约成为该物的合法所有权人，因而与此同时取得了强制权，据此可以要求他人不得干涉其对物的占有和处分。出于同样原因，他有权强制承诺人给付指定的物或执行承诺的行为。这里就出现了下列规定：每个人都必须遵守自己的契约或遵守他们的诺言，每个人都应在不情愿的情况下依法被迫履行契约。

§169. 违约：①承诺没有兑现；②不根据契约而是违

反契约履行的；③承诺人阻止请求人行使所转让的权利，或以非法方式使该权利难以行使。

§170. 契约作为权利转让的一种方式，当契约生效时赋予请求人强制权。契约生效的必要条件：I. 自愿；II. 能够让与转让权利；III. 履行契约的体力和精力。

§171. 自愿要求：①缔约双方在订立契约时充分运用理性；②双方对契约对象有相同的认知并希望共同完成它；③能明确地表达彼此的意愿。

§172. I. 自愿需要充分运用理性，因为只有在这种状态下人才能清楚地理解事物，并使自己的意愿与对事物的认知相同。对事物的错误理解会导致人产生与合理推理相反的事物的意愿。因此，处于精神错乱、疯狂、狂乱、极度愚蠢、幼童和醉酒昏迷的人，无法清晰提出自己的行为和目的。不能以慎重方式进行的协商是毫无意义的；谁承诺了他自己不理解的事，那么他就是并没有承诺任何事情。因此，与这种人订立契约的人，也无法获得契约中规定的权利。

§173. 凡是充分运用理性订立契约的人，虽然没有经过充分的思考和研究，但也不能拒绝履行契约，因为契约各方都有能力对所承担的事务进行成熟的思考。如果这样的契约被认定为无效，那么就会导致其中一方因另一方的疏忽而丧失权利，这是完全矛盾的。

§174. 自愿需要对契约对象认知一致，因为没有认知的一致就没有意志的一致。当缔约双方对契约对象有不同的认知时，那么就会出现一方同意给予对方不愿接受的，一方同意接受而对方不同意转让的情况。因此，在这两种情况下都没有达成相互一致，因此也没有契约，因为所有权的取得和让与只能在取得方和所有权人的意愿下进行。例如，伊戈尔答应卖给罗斯拉夫一个鼻烟壶，并由此理解为银鼻烟壶，而罗斯拉夫则认为卖给他的是一个金鼻烟壶。这里双方就没有达成一致，因为伊戈尔想卖罗斯拉夫不想买的东西，罗斯拉夫想买伊戈尔不想卖的东西。

§175. 当某人在不了解契约对象或内容的情况下缔结契约时，其一致不是真实的，而只是虚假的，因此基于此缔结的契约无效。虚假的一致有些是来自误解和无知，有些则来自欺骗。

§176. 无知和误解可能与契约对象本身有关，也可能与动机有关，也可能与缔结契约时存在的外部情况有关。当无知与契约对象相关并且出现缔约一方签订契约时完全不理解另一方的想法是什么时，契约无效，因为没有达成真实的一致（如第175条所述）。

这种误解被称为实质上的误解，包括：①关于契约对象本身、契约性质或契约具体要求方面的误解；②关于根据契约转让权利中受让人的误解；③关于契约履行的误解，即当一方不理解另一方所理解的履行方式。

§177. 如果误解涉及缔约一方缔结契约的动因，则契约的效力不会因此而消失，因为，第一，没有人有义务了解他人的动因或内心想法（如第172条所述），因此，对他们的无知概不负责；第二，在契约中要求关于目的的意愿一致，而不是促使缔约的动因。

§178. 如果误解所涉及的是契约中具有偶然性的目的性质和情形，则契约效力不消失，因为契约对象是一致的。

§179. 欺骗是故意将关于某事的错误认识传达给另一个人而为了侵害他。欺骗要么涉及契约对象本身，要么涉及缔结契约的动因。由于目的方面的欺骗而缔结的契约是无效的，因为欺骗者要么不想让与他所承诺的东西，要么不想获得他明显要求的东西；在这两种情况下，受骗者都不是真实的一致，因此就没有契约（如第175条所述）。如果契约是由于动机欺骗而缔结的，那么它仍然有效，因为没有人有义务了解其他人采取行为的动机（如第178条所述）。契约对象不会因此而改变，对其认识的一致是存在的。

§180. 他人的意志只能通过表象被我们所了解。由于契约有效需要真实的一致,因此必须表达缔约方的相互意愿,以便可以清楚地理解。不是用表象表达而是暗示的一致,被称为隐性的一致。但由于无法了解真实预设的一致,因此这不能作为契约的依据。

§181. 同意可以声明:①按照普遍习惯,要以明确的方式表示自己的意愿,一致的表示称为明示同意;②从某种意义上说,同意可以被公布为消极行为,通过这种行为可以可靠地知道另一个人的意愿,这种表达同意的方式称为默示同意。契约分为明示和默示的依据就是如此。

§182. II. 人只能合法让与不违背自然且可以转让的权利。因此,个人权利以及由此产生的所有原始权利都不能成为契约对象,这种不能同时适用于承诺人和请求人。承诺人不能将原始权利转让给其他人,第一,因为这样会将自己贬低为毫无意义的物,因此他违反了理性法则,他的契约也将无效(如第187条所述);第二,因为转让一项权利意味着完全放弃行使它,但不能放弃行使原始权利,因为它们与人的存在无法分离(如第119条所述)。同样,请求人也不能取得对方的原始权利,因为那样承诺人将成为他的手段,或者只是一个物,这违背了法的基本原则。

附释 因此,1775年、1781年、1783—1785年、1788

年的法令废除了奴隶制是正义的。

§183. III. 人的能力，尤其是依承诺者的能力所根本无法完成的事情，被称为物理不能。物理不能并不取决于人的意志。因此，谁承诺履行合同中不可能的事情，谁就没有承诺任何事情。同样，谁同意接受不可能的事情，那就什么也不接受。因此，对于不可能的事情的契约不会产生义务或权利。

§184. 这种"不能"在缔结契约时已知晓或在契约缔结后方才知晓。在第一种情况下契约无效，在第二种情况下，当这种物理不能出现时，履行契约的义务就消失了，当物理不能消失时履行契约的义务会再次产生。如果承诺人向请求人隐瞒了不能履行的事实，那么他就有义务因未履行诺言进行赔偿，因为他的行为是欺骗。当他知道或预见到不能履行时，他作为一个轻率的承诺人有义务进行赔偿，因为请求人不会因为承诺人的过失而丧失自己的权利。

§185. 因此有赔偿义务的是：①某人因过于自信或轻率而承诺超过他履行能力范围的事情；②某人承诺他人的服务，但不同意自己去亲自履行承诺；③某人任意将自己履行承诺的服务变为不能；④同样，阿谀奉承的人都会倾向于向别人承诺不能的事情。但如果结果证明了承诺是能履行的，只是看起来比缔结契约时更困难，那么承诺人必须履行，因为思考成熟的判断是受契约双方控制的。

§186. 侵犯他人权利被称为权利上的不道德。因此只有契约有效才不会侵犯他人的权利。理性法则不可能是矛盾的，因为如果侵犯权利的契约是有效的，那么一个人是应该履行还是不履行在于：履行是为了满足由契约产生的义务，不履行是为了不侵犯他人的权利。因此，未经所有权人同意转让他人权利的契约是无效的，如某人将物卖给了一个人，他就不能将这个物再卖给另一个人；如果他真的这样做，那么他的第二份契约就是无效的，该物应归第一个买主所有。

§187. 但违反不完整义务的契约仍然有效，因为：①该契约产生了一个完整义务，在与不完整义务矛盾的情况下优先；②我们拥有一个不完整义务来促进他人道德，因此我们有权要求履行契约所规定的义务；③我们没有义务知晓，某人的行为符合良心法则或违反良心法则，因为其他人无法确定这个情况，只有一个人自己才能知道自己是否符合道德法则（如第80条所述）；④同样，我们不需要知晓任何人与我们缔结契约的动机（如第178条所述）。

§188. 基于强制或恐惧而缔结的契约也无效。但是必须区分，使用强制的权利或违反强制的权利，因为恐惧本身不会破坏一致：被胁迫者从两害相权中，即来自恐惧的危害或从契约中产生的危害中选择一种，而不能随意废除。因此，当侵犯缔约方不正义地使用强制时，契约就无效，因为任何人都不可以通过不正义行为取得权利（如第121条所述）。

§189. 因此强制必须遵循以下规则：

a. 为保护被侵犯的权利或恢复被侵犯的权利而使用的强制是正义的，因为人有权使用保护权利的方式（如第34条所述）。因此，借助这种强制缔结的契约是有效的。

b. 非正当理由的强制会破坏契约的效力，对另一个无辜的人造成恐惧是一种侵犯，而出于缔约方的恐惧而要求其履行契约则是一种持续侵犯。因此，不正义的请求人不仅不能强迫承诺人履行契约，而且必须对因恐惧造成的侵犯进行赔偿。

c. 当恐惧是由未参与契约的外人或某些自然事件引起时，契约仍然有效，因为任何人没有义务了解促使另一方缔结契约的原因（如第177条所述）。

附释 因此，在城市被围困期间出售房屋、在遇到海难危险时的货物交易，即使这些东西的所有者面临灾难而无法履约，契约都仍然有效。

§190. 对契约基本属性的解释同时说明了在特殊情

况下采用它们的难度。尤其难以判断未来缔结的契约的有效性，其对象是各样的长期服务。虽然契约对象一般不能预先确定，但为了解决契约订立和履行中遇到的特殊情况，理性承认以下一般规则有效：I. 任何契约都必须履行。II. 应按契约中规定的方式或合理预期方式履行。因此，任何一方当事人都不能任意赋予契约条款以其他含义。

§ 191. 每个人都可以随意缔结契约，并根据自己的意愿承诺履行，因此履行契约的义务是完整的。但从长远来看，满足这个义务是不可能的，那就不能说义务是完整必要的。因此，对于每一份契约都需要区分条件和限制，以判断其有效性和无效性。

§ 192. 广义上的条件是契约生效所依赖的未知情况。从狭义上讲，条件是未来将要发生的事。限制是一种条件，它决定了合同中的权利或义务的范围。

§ 193. 根据对契约效力影响的性质，将条件分为必然条件和偶然条件。缺少必然条件会改变契约的本质，缺少偶然条件则不会产生这种变化；因此，必然条件通常在契约中是隐含的，不需要明确解释，而偶然条件则是随意的，必须有明确表述。

§ 194. 一般隐含条件包括：①关于人的能力限度的认识；②对法律的认识；③对契约对象本身的认识。在第一方面，只有当契约对象不超过一般人的能力或特别是承诺人的能力时，才认为履行契约的义务是完整的，因为一个人可以承诺的就在于他的自由（如第184—185条所述）。在第二方面，当不会因此导致对其他人的完整义务侵犯时，履行契约的义务仍是必不可少的，因为理性不能赋予侵犯他人权利的义务（如第187条所述）。在第三种关系中提出了以下规则：谁缔结了契约，他就愿意实现契约目的；谁想实现这个目的，就要同意使用服务其达成目的的手段；意愿履行其义务的人，就不能反其道而行之。

§195. 偶然条件包括肯定的和否定的、附期限的和定期的。当契约的有效性取决于所称情况的事件时，该条件被称为肯定条件，但当契约因该条件的消失而获得效力时，该条件被称为否定条件。在附期限条件情况下按照契约效力是延迟了权利取得的时间，而在定期条件的情况下按契约会使取得的权利消灭，例如：如果你学习进步，我就会给你礼物；你在学校上学，我就供养你。

§196. 肯定条件和否定条件对于契约而言同样有效，尽管它们以不同的方式完成。在出现肯定条件的情况下，任何一方当事人都不能拒绝，如果不发生破坏契约效力的情况，则契约仍然有效。

§197. 谁签订了附期限条件的契约，谁就有权要求承诺人不干涉其希望发生的事件。当条件满足时，他有权强制承诺人履行契约约定的义务。但是条件必须以契约本身确定的方式或习惯暗示的方式出现，否则契约仍然无效，条件未满足时也会导致无效。因此，缔结的肯定的、附期限条件的契约，由于不可能实现而自始无效。如果条件将是否定的不可能，则契约应视为无条件契约，例如：如果圆圈没有变成正方形，那么我给你一百卢布。

§198. 当契约中含有定期条件时，权利在预期事件发生前属于请求人，但如果事件没有按照契约确定的方式发生，或者没有按照通常的方式发生，则权利不终止（如第197条所述）。因此，如果承诺人任意地接近既定事件，那么请求人的权利不会因此终止。同样，当后者故意推迟根据契约必然发生的事件时，他也会失去权利。

§199. 契约终止：①按契约履行完义务；②履行不能。在第一种情况下，合同根据缔约双方的意愿终止，在第二种情况下，由于外部环境的影响而终止。

§200. 契约自愿终止的方式为：I. 严格意义上的履行契约，即缔约双方已经履行了他们相互承诺的事情。II. 支付或交付其他物或服务代替所承诺的东西。这也包括当缔约方因不同契约而产生的相互义务的抵销。III. 一方背信弃义会使对方免于履行契约产生的义务。IV. 通过新的契约消灭先前契约的效力。V. 通过上述契约规则中提及的条件的事件和非事件。

§201. 契约效力终止的外部情况是：I. 承诺人或请求人死亡（如第 155 条所述）。II. 未能履行承诺（如第 184 条及以下；及第 165 条所述）。III. 在缔约时由明确条件规定或通常推定其存在的情况发生变化。

第三章　契约的特殊类型

§202. 每份契约的履行都取决于缔约一方或者双方。在第一种情况下，契约将义务赋予一方，并将权利赋予另一方，因此它被称为单务契约。在第二种情况下，契约双方的相互权利和义务均产生于契约，因此这种契约被称为双务契约。在单务契约中，承诺人将其权利让与给请求人，且没有因此获得补偿，因此这种契约被称为无偿契约。但在双务契约中，一个人将自己的权利让与给另一个人，并由此获得对方的补偿，因此该契约被称为有偿契约。

§203. 契约对象可以是：I. 积极行为和消极行为。II. 让与物的完整所有权或者使用权给他人。

§204. 在无偿契约中，一个人向另一个人承诺无须请求人给与任何补偿而履行某种行为或转让某物，这种契约也被称为恩惠契约。其中包括：I. 保管契约；II 借用；III 借款；IV. 赠与。

§205. I. 当某人承诺免费保管他人的物品时，这被称为保管契约。那么承诺人对该契约有义务：①采取必要的行为来保护该物，疏忽于此就是对完整义务的侵犯，因此就是侵权。但保管该物的权利只是一种占有权（如第138条所述），保管人不能使用它，否则他会侵犯属于所有权人的使用权；②有义务应所有权人的要求归还该物，因为未经所有权人意愿处置该物是对其权利的侵犯；③他有权在双方契约确定的期限届满后强制请求人取回物品，因为契约在履行第209条中提及的义务时终止；④对于物品的意外损失和损坏，如果无法预见和避免，保管人不承担责任，因为履行能力是所有契约的必要条件（如第195条所述）；⑤同样没有义务承担维护物品所需的费用，因为保管他人物品完好无损的义务不能通过将自身财产转让给他人的义务来履行。

§206. II. 借用是一种契约，根据该契约，将物品无偿让给借用人使用。借用人根据该契约享有以下权利：①在规定的时间和范围内使用该物品的权利；②为使该物处于能从中获得通常利益和约定利益的状态，物的所有权人在期限届满前不得要求返还。但是借用人无权将物品交给他人使用，因为这一权利只属于物的所有权人（如第140条所述）。另一方面，借用人有义务：①使用该物期间要保养该物；②如果他保留该物超期就侵犯了所有人的权利，那么就将此物在确定期限归还给所有权人，但如果使用期限是不定期的，那所有权人可以随时要求返还；③赔偿因疏忽或不当使用而造成的物品损坏。物品的意外损坏或毁损转变成了对所有权人本身的侵犯，因为由此终止了通过出借不能转让的所有权。

§207. III. 借款是一种契约，根据该契约，一个人承诺将使用的财物转让给另一个人，对方要在某个时间内以相同的质量和数量的财物再交还给他。该契约中的承诺人称为债权人，请求人为借款人。通过该契约，借债人获得了该财物的完全所有权（如第144条所述）；因此，财物的意外丢失和损坏并不免除他以相同质量和数量将相同财物还给债权人的义务。

§208. IV. 赠与是某人无偿地将某物的所有权转让给他人的一种契约。所以：①只有合法的所有权人才能赠与物品，因为没有权利的人是不能转让物的；②直到赠与被接受前，赠与者都可以改变他的意愿（如第167条所述），因为这样不会侵犯任何权利；③但如果赠与被接受了，那么就可强制赠与者履行承诺（如第166条所述）；当赠与符合某些条件时，受赠人只有在条件得到满足时才能获得对物的完整权利（如第196条所述）；如果赠与是在有补偿的条件下发生的，则是有偿契约。

§209. 缔结有偿契约的一方要求对方相互履行，并且必须假设没有一方愿意被侵犯，双方都希望从对方那里获得至少与他自己付出的一样多的东西。因此，在有偿契约的情况下付出的东西是相等的。从物中获得的利益被称为价值。当一个物的价值与另一物的价值相等时，它被称为价格。

§210. 决定物品价格的权利属于所有权人，因为他最清楚该物的呈现方式、优点、使用目的和其他关系能带来何种利益和回报（如第106条所述）。同样，他只能根据自己的财产决定应接受别人财物的数量。因此出现以下规定：①物的价格由缔约双方平等协商确定；②由于双方都希望得到的不低于他们自己支付的，那么他们交换的物和权利的价格就被认为是平等的；③但当一方或双方因胁迫、欺骗或误解而达成一致时，则不会产生这种平等；④一方履行义务是以相互履行的可能性和准备为前提的；⑤有偿契约的性质不能决定谁首先履约，但履行了自己承诺的一方可以强制另一方履行。

§211. 所有有偿契约都基于契约对象进行相互权利

的交换，这要么涉及物，要么涉及人的劳力和服务。根据物与随物让与的权利的区别，根据需要服务的目的的不同，会产生出很多种契约，这里只提及了较为常见的契约。

§212. 转让某物的所有权或使用权的有偿契约是：I. 互易；II. 购买；III. 租赁；IV. 利息契约。

§213. I. 广义上互易是两个或多个人相互承诺放弃其权利的契约；从狭义上讲，互易是一种某人必须为获取他人的物而放弃自己的物的契约。缔约双方通过该契约承担完整义务，其中一方就对方而言获得完整权利，互为承诺人和请求人。互易的物可以是非常明确的物，也可以只是种类物。在第一种情况下，请求人甚至在该物的转让前就已获得该物的所有权，这就是为什么发生在物上的损害转为他的损失的原因。在第二种情况下，他有权要求承诺人履行契约，即转让指定种类范围内的物。因此，该物的意外毁坏或损坏并不解除承诺人履行其为转让该物而缔结的契约。

§214. II. 购买是一种契约，根据该契约，因获取金钱而放弃物的所有权。当该契约无条件订立或条件已经满足时，买方在转让前就成为该物的所有权人，因此，如果卖方在首次出售后又将该物让与给其他人，那么买方可以向后者索取该物，因为，对物本身没有权利的人不能将物让与给另一个人（如第186条所述）。相反，卖方不是在转移物之前获得应支付金钱的所有权，因为金钱只是具有类似象征意义的东西。当预期购买时，即使他的预期没有实现，卖方同样有义务支付契约中规定的款项，因为契约对象并未因预期未实现而改变（如第179条所述）。

§215. III. 通过租赁，取之不尽的物因支付一定的费用而被赋予他人使用。承租人获得指定物的权利，该物的权利不会终止，也不会随着所有权人的改变而改变。因此，购买不会侵犯到租赁（买卖不破租赁）。相反，只要该物可以被使用，即使承租人在约定的时间内没有使用该物，物的所有权人也有权要求支付一定的费用，因为谁履行了自己的承诺，谁就可以强制另一个人相互履行（如第210条所述）。物的意外损坏应由物的主人承担，而不是由只被转让了使用权的承租人承担（如第206条所述）。

§216. IV. 利息契约是转让可耗物的所有权以供使用，使用人要以其他同质的物品代替该可耗物进行交付，并支付使用费。将财产转让给他人使用的人称为委托人，接受财产使用的人称为债务人。利息契约基于与借款相同的规则，但不同之处仅在于利息，即形式上是因使用财产而取得钱款。对利息契约而言，该契约不同于高利贷，高利贷意味着与现行法律或道德背道而驰的过分利息。自然法承认任何利息都是公平的,只要委托人和债务人同意,因为第一,没有人有义务了解促成对方缔结契约的动机(如第177条所述);第二,如果缔约双方同意,物的价格就被认为是平等和公平的(如第210条所述)。

§217. 一个人因一定费用向另一个人承诺自己服务的典型契约是:I. 委托书;II. 服务契约。

§218. I. 委托书是一种契约,根据该契约,某人因一定的费用承担对他人的工作的修正。该契约中的服务承诺人称为代理人,请求人称为担保人。从担保人与受托人的相互关系中可以看出,受托人有权认真准确履行被委托的事务,并且有义务对担保人因疏忽其在契约项下承担的义务而可能造成的损害进行赔偿,但另一方面,他有权要求赔偿因履行委托给他的事务而产生的损失。

附释 未经委托履行他人的事务的不是契约,但如果某人同意他人因对自己事务付出的努力而受益,那他就要承担因他人擅自履行义务而造成的损失(如第194条所述)。

§219. II. 服务契约是某人承诺通过其体力或精力为他人提供某种服务或生产某物的协议。服务可以确定数量、质量或时间。雇主与雇工之间的相互权利,是由基于雇工的理解力,要么基于盛行的习俗,要么基于平等观念的明示或默示条件决定的。雇主可以要求所有合法承诺的服务只能从雇工而不是从他的继任者那里获得（如第157条所述）。雇主有权限制雇工可能妨碍承诺服务的行为（如第33—34条所述），因此他可以在服务期满之前追捕一个逃跑的服务者。但在不损害雇主权利的一切事情上，服务者享有自由。他有权获得约定的服务报酬，以及未来服务的预付款（定金），前提是契约中包含了这些。他还有权强制雇主履行契约中规定的义务。

下卷

实然法

绪论

§220. 实然法关注的是规定人们在某些关系中拥有的权利和义务。应然法的主要原则成为它的同等基础（如第10条所述）。

§221. 人们要么被自然地置于彼此的相互关系中，要么为达到合法目的而根据个人意愿加入社会。

他们的相互关系，以及由此产生的权利和义务应根据法律原则来确定，因为在生活的所有状态中他们不会停止成为道德存在。按照彼此之间对社会关系的认识确定人们的权利和义务的就是社会公共法学。

§222. 人们联合所为的目的具有多样性，因此社会联合的形态也多种多样。但在法律学说中，与这个目的相类似的（如第13条所述），只有那些被认为必然有助于捍卫人们外部自由的社会联合。这就是家庭和国家。

§223. 虽然独立的国家不构成社会，处在非社会状态，但是他们作为道德人之间的相互关系应该也是根据应然法的一般原则确定的，这是国际法学。

§224. 这样，实然法包括以下几部分：I. 社会公共法；II. 家庭法；III. 国家法；IV. 国际法。

第一编

社会公共法

第一章 社会总论

§225. 人们有权为实现既定目的而努力，因此可以使用合法手段实现他们的目的。一个人不可能实现的目的可以通过多人合力来实现。人们可以基于彼此同意使用某种方法来实现他们的目的，因为没有人会因此受到侵犯。

§226. 通过合力实现共同目的的人们的联合被称为社会。以这种方式联合的人们被称为社会成员。

§227. 为完成共同目的而形成的人的联合是通过契约实现的，因为任何人都不具备因希望获得自己想要的东西而强制他人（如第 106 条所述），以及为实现某种目的指派他人行事的原始权利。

§228. 为了实现某种目的而形成合力的成员的同意可以是明示的或隐性的（如第 181 条所述）。在这两种情况下，它们都是相等的并具有同样的效力。但是，为了判断契约的存在，必须确定是否有迹象表明人们同意加入社会。

§229. 存在一个社会联合契约：

a. 当一个人接受其他人的服务或承诺时，通常伴随着与其他人共同进入社会的意图。接受这种服务或承诺是同意联合的标志，比如接受结婚礼物是同意结婚的标志。

b. 当多人共同追求一个目标时，每一个人都坚信其他所有人都在追求同样的目标，并希望得到他的帮助。例如，当人们偶然集合到一起时，他们会保护自己不受共同的危险侵害。

c. 当某种目的是一个人的力量无法实现时，许多人就会在没有事先协议的情况下开始实现这个目的。每个人都相信只有通过共同合作才能实现共同目的，这是他们相互同意的标志。

d. 当成员们为了某种目的联合在一起时，他们就会同意使用那些如果没有就无法实现共同目的的合法手段。

§230. 因此，每个社会的本质都是：①对于共同目的而言就是个人意志的统一；没有这种统一的地方就没有社会。共同目的被称为共同的善，因为这是每个人希望实现的目的；②合力是实现共同目的的方法，因此所有成员都应相互合作，因为没有合力，共同目的就无法实现；③履行与社会目标有关的各种事务，被称为公共事务。

§231. 通过社会契约在目标方面形成的社会成员的意志统一，被称为联合契约。目标认知的统一和实现目标的个人意愿的统一形成了一个由社会成员构成道德的、神秘的存在，它有自己的权利和义务，被称为社会权利和社会义务。

§232. 社会为其目的而使用的力量总和被称为公共力量。个人力量的联合产生了一种公共力量，这种力量只能用于共同目的，因为只有缔结联合契约的社会成员才有义务贡献自己的力量。

§233. 同样，只有涉及共同目的并为实现共同目的的事务才被称为公共事务。所有其他的活动，无论它们是什么，实质上都是个人事务。社会成员有义务履行公共事务，因为按照联合契约有义务促进共同目标的实现。

§234. 作为一个道德存在，社会有其权利和义务（如第231条所述），一部分是原始的、本质的和必然的，一部分是取得的和偶然的。第一个与社会共生，并且当你意识到它的时候必然就拥有它了，第二个因自由行为而获得。

§235. 社会有权将一部分义务赋予社会成员，一部分义务赋予外国人。第一个被称为内部权利，第二个是外部权利。

§236. 社会内部权利实质上是强制所有成员按照联合契约有义务去做事情的权利。以下是社会成员的义务：

a. 每个成员都有义务根据联合契约中规定的规则促进共同利益。如果一项契约不能确定其联合的类别和措施，就必须将其从社会目标中移除。

b. 任何成员都不应以积极或消极的方式阻碍实现共同目标。

c. 因此，每个成员都有一个完整义务，在自己私人目标和形式与共同目标不兼容的情况下服从共同目标。但如果一个私人成员的目标比社会目标本身更重要，那么第一个目标就可以在后一个目标之前实现。例如，如果一个狩猎社会的成员不能如失去健康或生命一样杀死他发现的野兽，那么他就没有义务在这种情况下为社会目标而行事。

§237. 社会对其成员的权利受到其成员权利的限制。这些限制如下：

a. 社会不能把成员当作实现其目标的简单工具，因为自由权利是不可剥夺和不可让渡的。社会中的每个人始终都是为了自己的目的。因此,如果只能以侵犯他的权利实现社会目标,那么就必须放弃这个目标。

b. 社会无权限制其成员的自由超过他们根据契约或共同目标认知而应履行的义务。虽然通过履行某些行为可以促进共同目标的实现,但如果成员们对于共同目标而言赋予自己自由,那么就不能强制执行。因此,每个成员都保留了他们在联合契约中没有被剥夺的所有权利。

c. 社会只能通过对于所有人都有效的法律强制其成员,并且它的强制受到所有合法强制都必须遵守的法律的限制。

d. 社会无权要求其成员提供他们没有承诺的服务,以及违背他们意愿的服务。

§238. 社会的内部权利包括成员的相互权利。社会成员之间的相互关系被称为社会状态,这种状态被称为自然状态。社会成员相互权利由以下方面确定:①他们的天性;②联合契约;③社会目标。

§239. 每个成员对于其他人而言都应当保有个人权利和由此产生的所有权利(如第82—87条所述)。因此,每个社会成员都是独立的,并且为实现共同目标与他人联合,每个成员在不妨碍社会联合目标的所有行为中都是自由的。

§240. 但是，社会成员按照契约有义务促进共同目标完成，他们就有权利强制彼此履行在加入社会联合体之前不能相互要求的行为。当一个社会由两个成员组成时，一个人有权强制另一个人按照他们缔结的契约去行事。如果一个社会是由许多成员组成的，那么每个成员都有权受到所有其他成员的强制，反之亦然。强制的方法要么是契约本身确定的，要么不是。在后一种情况下，它取决于每个人的个人意愿，但在任何情况下，强制都不应超越法律界限。

§241. 当一个成员侵犯另一个成员时，被侵犯者的权利应根据契约和共同目标来判断。被侵犯者通常有权要求赔偿并要求实施侵犯者恢复被侵犯的权利。如果一个成员侵犯了所有人或整个社会，他可能会因此被强制赔偿或者被排除在社会之外。同样，当所有成员或整个社会都对一个人进行侵犯时，那么被侵犯者有权对所有人采取强制手段，或自己离开这个社会。

§242. 但是，如果一个成员以违反契约或共同目标的行为侵犯了另一个成员，那么个人侵犯就因此成为了公共侵犯，并且被侵犯者有权要求所有其他人来帮助对抗侵犯者；这就是为什么整个社会不仅有权利，而且有义务强制侵犯者离开或将侵犯者开除的原因。

§243. 加入社会，个人自由的一部分受到限制，一部分得到扩张，因为每个成员根据联合契约都有权强制其他人做以前没人能合法强制他做的事情。但另一方面，每个成员对于其他人而言都有同样的权利。

§244. 因为社会是一个道德存在（如第231条所述），对于其他社会和个别外国人而言也有权利，被称为外部权利（如第235条所述）。这种权利的内容通常是由道德存在的概念决定的，包括联合契约和社会目标。

§245. 社会的外部权利要么是原始的，要么是取得的。社会的重要原始权利是：

a. 作为一个独立和自主的社会而存在的权利。没有人有权毁灭一个社会，并觊觎它的独立性。同样，没有人能破坏它存在的条件，并因此使之混乱，分裂它，使其部分成员离开社会联合体。

b. 为实现其目的而共同使用武力的权利；因此，社会可以支配它所拥有的一切手段。社会权利是基于此，以合法手段提高并完善公共力量。将手段划归公有和获得新手段一律是社会权力。

c. 可获得幸福的权利；因此，社会有权获得任何使其更接近这个目的的所有东西。与外国人社会权利相对应的义务包括：不妨碍它选择任意目标，以及为实现这些目标而实施的行为。不谨慎的社会事业和有害的活动不会赋予其他社会和个人以权利来反对这种力量或予以阻碍，因为这样做将侵犯公共力量的自由使用权。社会的福祉在于其成员的福祉，因此外国人不能阻碍社会个人成员实现其福祉。谁以相反的方式行事，就会使社会遭受侵犯。

§246. 相反，没有一个社会有权侵犯其他社会或个人的权利，因此不能：①强制外国人加入它们或为实现目标而违背他们的意志行事；②鼓励他们为了该社会的利益而放弃自己的目标；③强制他们违背意志侵犯第三人的权利。

§247. 这些权利和相应的义务都归属作为道德存在的社会。这就是他们完全平等的来源。

§248. 社会的偶然权利是它通过合法行为取得的。这就是物的所有权，以及根据契约从其他人那里取得的权利。这些权利的内容更准确地确定了取得权利的行为的本质。

§249. 如果外国人侵犯了社会权利，那么社会就有权进行防御、警告和要求赔偿。

§250. 当权利被明确规定并且特别是政府机构遵行时，社会和私人成员的权利就可以得到保护。当公共力量被某种统一规则所控制时,社会目标就可以实现。履行公共事务的权利被称为公共权力,可以根据共同协议由所有成员共同履行,也可以委托给一个人履行。第一种情况下的社会被称为平等社会,第二种情况下的社会被称为不平等社会。社会本质并没有因此差异而改变,但在平等和不平等的社会中,公共事务的履行方式是不同的。

第二章 平等社会

§251. 在平等社会中，没有一个成员没有公共权力：它属于所有人。但是，如果一个成员在公共契约中获得比另一个成员更多的权利，不会违背平等原则，因为尽管某人拥有更多权利，但不能因此将其称之为另一个成员的统治者。

§252. 对于共同目标而言，所有成员的权利和义务应该是一样的。一个成员对共同目标具有何种关切，另一个成员就应有同样关切；为完成共同目标的义务落在一个成员身上，那么也会延伸到另一个成员身上。因此，实现共同目标的所有提案和建议都必须得到共同同意。契约中表达的共同同意是公共意志，这就是社会法则。因此，在平等社会中，所有的法律都是由共同同意决定的，被称为契约法则。

§253. 公共意志在解决公共事务中的方法被称为管理方式。公共契约要么确定管理方式，要么不确定。在后种情况下，每次讨论某个事务时，都必须确定一种表达共同意志的方式。但是对于一个社会而言，会不断出现许多不同的事务，为解决这些问题总是需要了解公共意志，而这不是每次都可以通过经验来完成的，因此每个社会都必须有一定的管理方式。

§254. 为了实现共同目标，许多事务必须始终如一地执行。每次都对这些事务进行讨论是很困难的，也是不可能的。因此，共同利益要求为共同目标而以不变和统一的完成事务的方式、在社会建立的同时由共同同意确定下来。这种类型的公共决定被称为基本法律。包含基本法律的契约被称为基础契约。

§255. 基本法律决定：①最重要的和应持续执行的事务；②执行事务的方式；③在所有情况下公共意志都可以被认识的特征。因此，基本法律决定了管理方式。

§256. 但是，各种各样的事务的偶发不能事先确定，因此每次都必须按照成员的共同意见作出决定，而且每个人都可以表达自己的意愿。个人成员在谈论某事务时表明意愿被称为表决。

§257. 进行投票的权利被称为表决权。在平等社会里，每个成员都有表决权，因为在这个社会里，决定事务是根据所有成员的同意作出的。表决权包括：①赞成和反对，这取决于表示想要还是不想要某种东西；②如果在没有任何条件或假设的情况下表达了对某事的渴望与否，就是无条件的表决权；反之，就是有条件的表决权。因此表决权就是表达意志；③明示或暗示的表决权；第一个是以明确表达，如文字或语言；第二个是根据某种积极行为和消极行为表现出来。

§258. 表决决定了我们执行公共事务的方式。当表决责成社会要依照它履行义务时，那么表决就被称为决定性的；但如果他们不履行这一义务，那么表决就被称为协商性的。相同的表决被称为赞成，不同的表决被称为反对。如果所有成员的表决都是一样的，他们被称为一致同意，当他们有所区别时，被称为有分歧的。在后一种情况下，持相反意见的双方数量要么相等，要么不相等；第一个被称为同数票，第二个被称为多数票。

§259. 在平等社会中，每个成员的表决权都是有决定性的；所有成员的表决权都是决定公共意志的平等基础，因为他们都拥有公共意志。由表决确定和决定的东西被称为结论。当结论的效力决定在同样情况下以同样方式执行某件事务，那么这个决定就是狭义上的法律。为个别情况而临时作出的决定被称为暂时决定。

§260. 在平等社会中，如果公共契约中没有包含其他规定，那么结论只有通过一致表决才能得出。但如果其中有一条规则规定，一定数量的表决可决定结论具有法律效力，那么在任何情况下表决数都是被承认的社会法则。

§261. 在平等社会中，公共意志是通过表决被承认的，因此应当以表决和选举的方式来决定社会本身的管理方式。

§262. 在平等社会里，没有人能为其他人制定法律，但社会却可以为社会上的所有人制定法律。所以，公共意志是平等社会的最高统治者。

§263. 如果整个社会都不能实现自己的意志，那么必须有一个无权制定法律的执行者来执行。个人成员不会因此而失去平等，因为他们不是执行者的臣民，而是法律的臣民。

§264. 当社会中没有执法者时，那么所有成员都会站同一立场反对违法行为。当一些人被证明违法时，那么一个成员对于这些违法人而言就是执法者。但是，这种执法方式不可能存在，至少在人口众多的社会中是不可能的，必须直接确定执法者。

§265. 因此，从平等社会的认知中产生下列内容：①所有法律都是契约；②社会法则确定了实现共同目标的方式，任何社会在没有法律、不遵守法律的情况下，任何社会目标都无法实现；③社会中的每个成员都受法律约束，因此违反法律就是侵犯了所有其他成员的权利；④每个加入社会的人都受到其法律的约束，因此要承诺遵守这些法律。

第三章　不平等社会

§266. 在不平等社会里，公共权力要么属于实体人，要么属于道德人，即一些成员共有。拥有公共权力的人被称为执政者。所有其他的社会成员都受公共权力管辖，因此他们被称为国民。

§267. 公共权力只能根据契约取得，因为没有一个人最初就受另一个人权力的管辖（如第82、83条所述），但根据联合契约，人们只对目标而言获得相互的权利和义务，但仍然处于平等状态。因此，只有社会成员的同意才能取得公共权力。移交公共权力的契约被称为国民契约，因为通过这契约，独立和平等的人们就变成了国民或者被统治者。国民契约应遵循联合契约，因为首先必须确定目标，然后才能委托某人去执行。

§268. 国民契约是有条件的。根据国民契约移交的公共权力受限于：①每一项契约中都隐含的必要条款（如第191条所述）；②社会联合的特殊目标；③国民契约本身的特殊条款。

§269. 最高权力据此是归属一人还是在多人之间分立，分别被称为完整权力和不完整权力。

§270. 当社会执政者行使公共权力不取决于任何人时，那么他就会被称为专制执政者；反之，他则被称为受限的执政者。

§271. 无论专制的还是受限的，执政者都必须遵守：①成员权利（如第237条所述）；②社会本身的权利（如第245条所述）；③联合契约和国民契约中的条款或基本法律（如第232、233条所述）。

§272. 无任何限制地行使公共权力就是暴政（残暴专横的统治），谁导致了此种情形，谁就是暴君。没有人有权成为暴君，因为没有人可以无法律界限地行使权力。

§273. 因此，每个执政者不仅拥有完整权利，且对其国民负有完整义务。在社会和国民自身中，不可剥夺和不可让渡的人权必须保持不可侵犯的状态。社会成员在联合契约或国民契约中没有被普遍支配的权利不应受公共权力的影响。

§274. 因为执政者代表公共意志，那么他有权：①为国民制定法律；②强制他们执行法律。国民必须遵守公共法律，执行执政者的命令。强制执行法律的权利包括惩罚权。抵抗执政者的法律或命令就是违反义务，国民将因此受到惩罚。

§275. 但因为社会本身塑造了执政者，因此他的权力不能超越社会本身。执政者只能要求国民完成必须伴随着实现共同目标的事务。因此他无权：①把国民当作简单的工具并随意支配他们；②当他们不反对共同目标时，剥夺他们为个人目的而行为的自由；③强制他们根据自己裁决而不是根据普遍法律行事。

§276. 每位执政者都可以看作有双重身份：①受法律约束的社会成员；②能颁布、修改和废除法律的执政者。执政者受他颁布的法律约束，因为他没有义务以其他方式对待他的国民，就像根据现行法律的效力一样，当他做大家已知的事情时，他的意志就会强迫他的国民。

对于自己，执政者不受实定法约束，但他受自然法约束，因为每个道德存在都受自然法的约束。他们的存在并不取决于社会意志。

§277. 在不平等社会里，法律是绝对的，因为它们不是由成员投票决定的，而是由唯一有决定权的执政者决定的。

§278. 当社会成员是实体人的时候，无论是平等社会还是不平等社会，都是简单的；当社会成员是道德人的时候，社会就是很复杂的了。

§279. 根据持续的时间，社会要么是有期限的，要么是无期限的。第一个被称为暂时的，后者被称为是终身的，或者是永恒的，即社会存在的时间要么贯穿社会成员的一生，要么这个社会是永久存在的。永恒的社会只有通过成员的不懈追求才能实现。

§280. 社会持续的时间要么是明确的，要么是可推定出的。在后一种情况下，社会目标显示出它合法持续了多长时间。

§281. 社会终止：①当它达到目标时；②当目标在精神上或身体上都不可能实现时；③当契约规定的时间结束时；④当成员自愿同意在不侵犯第三方权利，即通过新的契约的情况下，终止相互联合时。

§282. 但是，当个人成员侵犯社会或社会侵犯个人成员时，联合契约不会因此受到侵犯，但被侵犯的一方有权拥有强制权。然而，在侵犯发生的情况下，个人成员有权脱离社会，社会可以不接受个人成员，因为谁都无权容忍不正义。

第二编

家庭法

§283. 将应然法原则适用家庭成员关系,就是家庭法。

§284. 在家庭法中研究两类关系:I. 夫妻之间的关系;II. 父母和子女之间的关系。因此,本部分分为两章:第一章阐述了夫妻之间的关系;第二章阐述了父母和子女之间的关系。

第一章　夫妻之间的关系

§285. 婚姻是不同性别的两个人之间为了排他性共同生活而结成的联合。确立这种结合的契约被称为婚姻契约。婚姻中成员是丈夫和妻子,他们共同被称为夫妻。

§286. 婚姻契约的有效性需要:I. 自由意愿;II. 实现这种意愿的精神上和身体上的能力(如第170条所述)。

§287. I. 由于每个人都有权支配自己(如第82条所述),因此没有人可以强迫他结婚。如果有人意欲强迫另一个人与自己结婚或与第三个人结婚,那么在第一种情况下,他会将婚姻当作激情工具,而在第二种情况下,则将婚姻用作个人任性的工具。

§288. 由于自由意愿是婚姻契约的必备属性,所以只能由充分具有理性的人缔结(如第171条所述)。因此,儿童、疯子、酒鬼等不能缔结婚姻。

§289. 同样，因误解和无知而缔结的婚姻也是无效的，因为当某人在不了解其目的或内容的情况下缔结契约时，那么他的意愿不是真实的，而是虚假的（如第175条所述）。

§290. 既然我们只能通过表象了解他人的意愿（如第180条所述），那么婚姻契约只能由那些能用明确表象来表达自己意愿的人缔结。

§291. II. 在不侵犯他人权利的情况下，根据缔约双方最自由的意愿可以缔结婚姻。因此，当缔结婚姻者已与他人结婚，那么这个婚姻就无效，因为婚姻是排他性共同生活的联合。

§292. 所以，一夫多妻是违法的，因为据此丈夫可以与许多妻子同居，但却要求妻子不得与他人同居。这样的要求与他自己的行为背道而驰。因此，他将他的妻子只是作为达到目的的手段。

附释 除了正义之外，这个益处本身也让人们相信婚姻只能在两个人之间缔结。那些一夫多妻制的民族向我们展示了多么令人作呕的放荡和野蛮！整整一半的人都处于另一个人最可恶的奴役之中，并被认为是满足兽性激情的工具。处于屈辱状态的女性不能有任何美好的感情。由于受到严格的监督和监禁,她所渴望的放荡的生活是她知道的唯一幸福。家庭中每个女性之间内心的竞争是家庭失序的根源,只有强力手段才能阻止。孩子们从婴儿时期开始就学会憎恨父亲的私生子,以及其他不与他们共同生活的孩子。父母对孩子的热情随着孩子数量的增加而减弱。贪淫好色的父母因性欲而变得疲惫,很少爱他们的孩子,相反还十分讨厌他们。所以,女奴、家庭争执、男人的残忍性情、没有教养的孩子、国民贫困都是一夫多妻制的后果。很多现象还鲜为人知,其后果更可怕。

§293. 暂时缔结的婚姻被称为姘居。虽不能以法律原则证明姘居的非法性,但这与人的道德本性相悖(如第6、7条所述),因为这样的话,他就成了情欲的奴隶。

§294. 近亲之间不能缔结婚姻,因为这违背了人的内部义务。近亲属是指因自然血缘或民族习俗可以使我们产生道德意义上的爱的人,这种爱和配偶之间的爱是不同的。在这样的人之间结婚,亲属的高贵感情将被另一种等级较低的感情所牺牲。这样的关系存在于上下辈亲属之间、兄弟姐妹之间,但是否存在与生俱来的憎恶,无法证明。至少它存在于所有受过教育的民族的习俗中,只有在道德风俗败坏或人类野蛮时期才会被拒绝。

附释 婚姻似乎应该将异族部落彼此结合,而不是将那些即使没有婚姻也已经有亲属关系的人彼此结合。但是，无法通过法律原则来确定血亲延伸到什么程度。

§295. III. 因为婚姻的目的是共同生活，不能共同生活的人是不能缔结婚姻契约的。因此，他们缔结的婚姻无效。

§296. 夫妻的义务由婚姻的目的和特殊的婚姻条件决定。

§297. 一般而言，夫妻双方都应承诺，否则就无法实现婚姻的目的。因此，夫妻恩爱是彼此的首要和最重要的义务。排他性共同生活是婚姻契约的必要条件。因此，一方完全有权要求另一方满足这一条件。排他性的爱要求相互扶持，尤其是来自配偶方面的，因为他是与一个需要他帮助的弱者结成共同体联合。

§298. 在婚姻契约中可以包括被称为婚姻条件的其他条件。根据这些，夫妻双方获得了相互的权利和义务。毋庸置疑，上述这些其他条件不应与婚姻本身的性质相违背。

§299. 夫妻双方的财产不受侵犯，除非婚姻契约中有特别条款。

§300. 同样，夫妻之间在所有不违反婚姻契约的情况下保有自由权。

附释 蛮族国家的女性,由于力量薄弱而沦为奴隶。丈夫对妻子不受限制的权力首先变成了一种习惯,然后被实定法所确认,仿佛国家的目标就是要求一半的人类必须被奴役。如果妻子对于丈夫而言如同家畜,那么在夫妻双方中寻找高尚的感情是徒劳的。对自己妻子都残忍的人,他对他陌生人还能仁慈吗?

§301. 婚姻终止:如果婚姻契约是终身的,那么当其中一人死亡时即终止,但当一方违反配偶忠诚时,则另一方有权解除契约(如第200条所述)。如果违反婚姻契约的人要求对方遵守婚姻忠诚,那么他就会希望以此作为达到目的的手段。

§302. 同样,当一方或双方完全因身体缺陷、危险的疾病和传染性疾病等不可能实现其目的时,婚姻就终止了。

§303. 经双方同意,婚姻也可以终止,除非第三方的权利受到侵犯。

附释 这种类型的婚姻终止违背家庭的完整,因此为实定法所禁止。

第二章　父母与子女之间的关系

§304. 子女出生时处于弱势状态，没有他人的帮助必然会死亡。父母具有的最直接的义务是照料自己子女的饮食和教育，因为子女的出生是父母的任性行为。使他人遭受危险是违反义务的行为；因此，将因我们的罪而陷入危险的人从危险中拯救出来，是一个完整义务。

§305. 因此，如果夫妻双方没有抚养子女的共同承诺，就不能缔结婚姻，因为那是将实施损害他人权利的契约（如第186条所述）。

§306. 抚养子女的义务是父母对子女权威的基础，因为它包括：①关心保护子女的健康和生命；②关心他们的体能和智力的提高；只有当父母有权支配孩子的行为时，才能让父母履行这些多重义务。

§307. 父母的权力范围是由他们的义务范围决定的：父母对子女而言有权做一切属于培养和道德教育的事情。因此他们有权：

a. 为了保持和增强自己子女的体力，他们可以嘱咐或命令子女开展一些能够促进身体发育的活动和锻炼，并禁止不利于健康或危及生命的活动。

b. 对子女进行道德教育的权利作为权力赋予了父母，使儿童习惯于智力活动，并限制他们的激情，根除他们内心的恶意和劣习，因此，如果孩子固执，那么可以合乎目的地惩罚他们，只要不违反必要措施且不违反上述义务保持他们的体力。

c. 父母有权强制他们的孩子进行有益的锻炼，这既是因为他们有抚养孩子的责任，也因为他们有义务为孩子提供需要的食物，这是由于孩子们很弱势，且无法用自己的劳动满足自己的需要。

d. 父母有权保护自己的孩子免受他人伤害，并同时要求任何人不得干预养育事务。

§308. 父母在抚养孩子方面有着对等的义务，因此对孩子有相对等的权力。夫妻双方均有权要求对方不得违背养育目标支配子女。

§309. 以下规则更准确地定义了父母权的界限：

a. 如果不是出自教育子女，那么父母对子女的任何权力都是违法的。

b. 因此，父母无权将子女视为财产，无权将其用作谋取私利的工具，无权伤害他们或剥夺他们的生命。

c. 虽然父母有权惩罚子女，但他们只能出于教育目的这样做。任何不为此目的而作出的惩罚都是不正义的。

§310.父母的权威随着抚养孩子的义务的减弱而减弱。因为子女缺乏能力才把教育的义务赋予父母，那么这个义务也会随这种现象的消失而终止。因此，当子女们获得足够的能力去工作和运用理性的时候，他们自己可以处理自己的行为时，他们就会脱离父母的权威，父母就不再有教育他们的义务。

附释 根据法律原则，无法确定幼儿期的延续界限：实定法对其设定了限制。

第三编

国家法

国家法的概念

§311. 国家法是关于根据社会联合目的的法律原则而产生的最高权力与国民之间关系的学科。

§312. 最高权力与国民的权利被认为是：①只是构成国家的一个概念。②实质上最高权力运行的某些确定方式。因此国家法分为绝对的和相对的。

§313. 因为绝对的国家法通常确定最高权力机关和国民之间的关系，那么首先需要指出的是，这种关系是以何种方式开始的。因此，首先应该阐述致使人们进入社会的原因，然后就可以阐释公民联合的本质。

§314 在相对的国家法中规定了最高权力机关在国家中的运行方式。这种规定应该基于不接受尊重不同风俗习惯的共同法律原则，并以此证明这种或者其他形式的政体是善的。这属于民法理论的研究范畴。

第一章　绝对的国家法

第一节　社会之外的人的地位

§315. 为了阐释市民社会的本质，必须确定人们加入市民社会的目的。但我们此前从未对这个问题有过明确认识，我们就如同处在社会之外看待它一样。

§316. 要知道，一个人是否可以相信自己权利的安全性，我们必须注意他如何对待其他人，当他一方面由于缺乏道德教育而只受兽性动机支配的时候，另一方面，因非常贫穷陷入持续极度贫困或死亡的状况下，要么遭受灾难，要么最终成为受害者，因为这确实是一个人在社会之外的状态。

§317. 描绘社会之外的人的状态的哲学家持有不同的意见，并或多或少地偏离了这个概念的真实性。

§318. 卢梭认为，处于公共状态的人们彼此之间没有道德关系，没有义务，没有罪恶，没有美德；他们不善也不恶，他们不激情也不活跃，过去和未来都没有占据他们的想象；但只有现实存在和最初需求的满足才能引起他们的注意。

§319. 这位哲学家无根据地将一个处在公共状态的人认为是对一切都完全漠不关心的人。最野蛮的一代人对所有罕见现象都高度好奇，并且倾向于去仿效和评论。而这些能力不知不觉地提高了一个人的教育程度。对罪恶和美德的认知也是他们所固有的，虽然未受过教育的野性无法理解划分这些品质的真正界限。

§320. 普芬道夫在描绘一个处于社会外状态的人时，断言正义和美德的原则不可磨灭地铭刻在他们的心中，并且随着时间的推移必然会发展。他说，道德是人的目的：甚至他自己的利益也强制他遵守他人的权利并与他人和平相处。

§321. 这位哲学家将社会外的人描绘成他应有的那样，但并非处于野蛮状态。如果在文明状态下人们远离正义原则和美德法则，那么在野蛮状态下他们是否有可能清楚地理解并严格遵守它们呢？

§322. 加贝兹对自然人的描述更贴近自然，展示了他从孤独状态到社会状态的自然转变。他认为，在市民联合之外的人们彼此之间发动了一场无休止的战争。当然，他在刻画人性的缺陷和不足方面是过分的。当时在英国肆虐的纷争为这位哲学家的思想指明了方向。

§323. 加贝兹说，一个处于非社会状态的人将保护自己作为其行为的主要规则，并且与此类似，他认为一切对自己而言都是被允许的，且只为他服务。由于所有人都遵循相同的规则，那么他们之间就存在不断的对抗和暴力。当然，社会之外的人的状态如此，并不能证明人就没有道德良善和正义的本性。

§324. 大自然清楚地将人与其他动物区分开来。人的能力清楚地证明了，人类注定要生活在社会中。科学、艺术、宗教、崇高目标的实现是共同体的成果。人类活动方式的形成是逐渐发生的，一代人为下一代人的进一步活动铺平了道路。相反，其他动物只在交配和繁殖中相互关联。很少根据统一的本能，使一方对另一方有益。

§325. 人比任何其他动物都面临更多的恶，而满足他的需求的方法则要困难得多。当然，在野蛮状态下，他也没有那么敏感。但大自然给他带来的灾难是如此强大，以至于可以震动最粗暴的器官系统。他缺乏自然掩护而遭受严寒，因智力欠缺而无法预见和预防溺水，饥饿更是频繁地折磨并几乎总是威胁着他。他在蒙昧时代遭受的疾病，和在受过教育的状态中是一样的。他的保护方法几乎都是依靠技能和人们的互助。最小的鸟都可以快速轻松地获得所需的食物。人需要通过长期的劳动获得食物，往往在经过长期的、徒劳的努力之后才获得了生活的首要必需品。

§326. 受制于无休止的令人痛苦的需求，加上所有追求道德良善的倾向，人只能以自我保全原则为指导。处在极端地忍受逆境还是对他人造成不公，他选择了后者。

§327. 野蛮的人对同类比动物对同类更危险。一只野兽攻击另一只野兽只是为了当下和直接的利益。相反，处于野蛮中的人将他的视野扩展到未来，并预见长期的行为后果。未来的利益有时比现在更能影响他的想象力；往往一个人的幻想，就会让他成为强盗、暴君和杀人犯。回忆和想象过去的能力为人们提供了实施新暴行的理由。其他动物只会在遭受现实攻击时保护自己，或者在遭受他们恶的同时进行报复。他们无法对很久以前遭受的恶进行报复、无法通过看到以前对他作恶的人的痛苦来安慰自己。只有人才会为了自己的快乐将同类置于痛苦之中。那种有远见、终生复仇的感觉，只属于他一个人。

§328. 在一个人有强烈的伤害他人的动机的情况下，

他更有能力将其强加于他人身上以真正满足自己的意愿。当然，与其他动物的许多属性相比，他的力量和勇气要逊色一些，但灵敏、狡猾、谄媚为他提供了无数可靠而安全的手段，可以随意对他人造成可能的伤害。

§329. 人在带着无限的自尊心时，在兽欲的不断影响下就会沉迷于最粗暴的野蛮行径。尤其是需求不断折磨着他，让他贪婪于任何非法的享乐：他考虑的不是他的行为，而是他期望的目标。因此，他对同类作出比任何其他生物作出更可怕的事也就不足为奇了。

§330. 处在社会之外的状态下的人们的道德品质可能是危险的。保护弱者会招致强者的侵犯。试图遵守正义可能会招致不正义，维护相互权利的意愿可以成为侵犯他人权利的动机。

§331. 所以，面对来自四面八方的危险所造成的威胁，人应该考虑预防，因为他把不幸视为幸福是不合乎他的本性的。在他的一生中，经验使他确信，只有联合其他人形成预防袭击的合力才能实现安全。

第二节　国家目标

§332. 根据上述内容，人们在联合成社会时的目标就是安全。然而，一些哲学家反对这种观点，并仍持有不同的解释。根据国家目标预设的本质，他们可以分为感觉论者和纯理性主义者。

§333. 感觉论者将国家目标设置在每个人最大的幸福、每个人的世俗福利上。因此，它们预设了一个不可能实现的目标，因为幸福的概念是一个相对的概念；只有一个人自己才能确定什么使他幸福，什么使他感到不幸（如第100条所述）。另一方面，社会承担了实现目标的义务，同时获得强制其成员为之努力的权利；由此可知，社会有权强制其成员为幸福而努力。但任何强制都是以预防为前提的，因此社会成员应将其视为福祉，并感觉到预防什么。

§334. 唯理论者（纯理性主义者）将公民社会的目标设置为改善人的活动方式，根据一些人的观点，这主要在于提高认知力，而据另一些人则认为，主要在于提升道德水平。两种意见都不正确，因为认知力和道德的提高取决于一个人的自由，不能成为完整义务的对象。可以规制一个人的外在行为，但内在行为仍然存在于他的意志中。这个目标预设同样是矛盾的，因为强制一个人做取决于他的自由的事意味着侵犯他的自由；但只有当一个人运用自由时，认知力和道德的提高才有可能。因此，通过规定某种手段来实现目标,人们就会失去目标本身。

§335. 虽然上述目标不能构成市民社会的目标,但能在社会生活中实现。道德学说迫使一个人努力提高自己的体力和道德力,但也强制他进入社会,因为只有在社会中他才能实现这一目标。

§336. 因此,国家是人的联合体,通过联合力量永久维护相互安全。这个目标与人类同步出现和消失。因此,人们可以为实现这一目标永久联合。

§337. 在建立社会时,人们必须同意:①联合本身是为了相互安全;②为实现目标而选择方法;③方法的使用。因此,国家法首要考虑的是在国家中联合人们的契约;第二,为实现目标人们必须同意使用的方法;第三,国民契约作为一种唯一的充分方式来执行,没有它,国家的目标就无法实现。

第三节 联合契约

§338. 国家只有通过人民以相互保护来对抗可能发生的危险(如第227条所述)而达成相互协议才能建立起来。这种协议被称为联合契约。

§339. 每一项契约的效力都不是来自字面表达,而是来自在互惠名义下进行的执行（如第229条所述）。

§340. 该契约的所有成员都有能力表达他们的意愿并促进社会目标实现。

§341. 因此为了此目标就要缔结联合契约，所有人都有平等的义务促进该契约的实现，根据该契约，所有人都是平等的，除非是规定在特殊情况下，他们是不平等的。

§342. 按照联合契约，人们将自己完全交付给社会，因为只有在这种情况下他们的目标才能实现。因此，不仅所有公民的财产都是实现社会目标的手段，而且每个人的生命本身都可以为了他人的生命而被社会支配。人们应牺牲生命来拯救生命，这是毫无争议的，因为当一个人进入社会时，他可以在社会之外失去生命的危险和在社会中维护生命安全之间进行自由选择。毫无疑问，一个人有权利对社会作出这样的承诺，因为那些拥有生命的人不会伤害任何人。同样，在这样的条件下进入社会，不仅不违背道德，而且非常符合道德精神，因为在社会中，生命可以得到保护，而不是在社会之外。

§343. 联合契约延伸到社会成员所生的子女身上，当他们成年时，可以明确或默许地表达他们的同意，因为契约只适用于自由缔结的人。父母不能将自己的子女纳入联合契约，因为他们只有权教育自己的子女，但不能规定子女在成年后必须处于某种状态。否则，子女对父母而言就是一个物品。

§344. 尽管如此，国家有义务保护儿童，因为它维护所有父母的权利，同时也维护儿童的权利。

§345. 同样，国家必须保护儿童免受父母权滥用的侵害，因为它必须保护在其领域内的所有儿童；否则，这个国家就会是一些权利对立的人们的联合。

§346. 联合契约对个人的影响在于：

a. 每个公民在受到外部完整权利威胁的情况下都有权向他人寻求帮助。

b. 同样，保护他人的责任落在每个人身上。

§347. 对国家本身而言会出现以下后果：

a. 它作为一个道德人，会获得权利和履行义务：①对自己公民；②对于所有不隶属它的人。

b. 它拥有国家所有地区的主导权，即它有权控制国家所有地区的所有土地，尽管这些土地是属于个人的。

§348. 据此：①国家有权要求从土地中缴纳费用以满足公共需要；②拥有私产者在未征得同意的情况下不得将自己的财产脱离国家，因为不仅所有人都依赖于个体公民的帮助，而且在这种情况下，个体公民也依赖于所有人的帮助。因此，加入联合契约必须以社会不可分割为前提。

§349. 只要国家履行对公民的义务，在此之前没有人有权脱离它（如第168条所述）。

第四节　实现国家目标的方法

§350. 实现国家目标的方法一部分是实体性的，一部分是形式性的。第一种包括公民财产和他们的身体力量和精神力量；第二种是公民行为，但必须以实现国家目标的方式完成。

§351. 所有掌握在公民个人手中并能实现国家目标的财产被称为国有财产。

§352. 从本身的意义上说，国有财产是公民为实现社会目标而根据自己状况让渡出的财产总和，可以通过两种方式来进行：要么公民提供一些财产供国家永久使用，要么不断提供他们财产的一部分以满足国家需求。

§353. 为满足公共需求而不断提供给国家占有的财产被称为国家资本；按时从国家居民财产中收集的财产部分被称为赋税。

§354. 国家公民有义务支持社会目标，因此每个人都必须履行纳税义务。但赋予每个人的这个义务应与他的收入相适应，因为，第一，国家公民有义务在其能力范围内尽其所能促进社会目标的实现；第二，平摊税收会违背社会目标本身，因为它会给个人公民带来风险，使他们的财产被剥夺，并使他们挨饿；第三，不平等的财产需要不平等的方式来保护。

§355. 无财产公民没有义务缴纳赋税，但为了公共目的，他们可以通过身体和精神力量提供帮助。这种服务被称为赋役。

§356. 为了自己的自由，每个人都愿意捐献自己的部分财产，而这对于目标是必要的，国家公民被要求为满足需求尽可能多地向社会提供财产。

§357. 但是，因为国家的目的是维护最大的利益，即安全，那么在这种情况下与私营经济（支出应与收入相称）相反，收入应根据支出予以相称，公民有义务缴纳国家对他征收的所有税款。

§358. 对于赋役而言也适用同样的规则。任何个人服务只能为社会目的所要求，并且在其适合的程度范围内。

第五节　国民契约

§359. 联合契约必然会产生国民契约，因为虽然人们为了实现目标联合成社会,已经显示了实现这一目标所需的手段,但这种手段的使用方式对所有特殊情况则无法确定。所使用方法的正义性是从对理性的一般原则中了解的;相反,只有从经验中才能了解为实现目标的手段的可靠性和适当性。在理性的一般原则中人们能够达成一致,但对经验对象则会出现观点不同的情况。由此可见,实现社会目标的方法不能根据普遍一致而产生,因为不可能存在这种共识(如第253条所述)。

§360. 多数人反对联合契约,因为虽然每个人都承诺促进社会目标的实现,但没有人有义务选择一种方法来使自己的意志服从于他人的意志。因此,如果有人想在这种情况下对别人下命令,他们就会非法地采取行动,因为他们将行使不属于他们的权利。虽然大部分成员赞同某种方法,那么也不能强制其余成员遵守其他人的意志,因为不正义的行为不会因多数人作出侵犯少数人的行为而转化为正义的。

§361. 因此,社会成员必须决定如何使用实现社会目标的方法。根据一致同意,有权为实现目标指定和使用方法的人被称为执政者。当一个人被赋予了一项特定权利时,它就是实体权利,当它共同属于多数人时,它就是精神权利。①

§362. 赋予执政者为实现社会目标而选择和制定方法的权利被称为最高权力。这一权利的优越性高于社会上所有其他权利，因此它也被称为国王。

§363. 最高权力只能在所有成员的同意下转交，因为联合契约没有规定个人成员必须选择服从他人专断的方法。因此，如果有人不同意自己的成员关于赋予最高权力给某人的意见，那么他们和其他成员之间的联合契约就会被破坏。

§364. 执政者不依赖任何人，因为国王的权利或者至高无上的权力是通过一致同意转交给他的，因为他的意志代表了共同意志（如第267条所述），因此除了国王本人外的所有国家成员都是国民。

§365. 每个国家成员的个人自由与国民身份一致，因为国家目标就是每个公民的目标，只有委托执政者选择方法才能实现。因此，公民只能被引导朝向国家目标，在此之前，他不能违背意志而作为一个简单的工具被使用。执政者仍然是国家的主要机关。

---

① 从个人意义上说，每个国家的最高权力都被多人瓜分，因为只有在最小的国家中，一个人才能决定所有的公共事务。在所有其他国家中，社会服务者的个人意愿对公共事务的影响，和对宪法国家本身一样大，不同的是，这种影响不是由固定的法律决定的。

§366. 但是一个公民只为了国家目的而服从他的执政者；在所有其他活动中，如果他们不反对他对社会的义务（如第236条所述），那么他仍然是自由和独立的。

§367. 当一个执政者不是为了国家目标，或者出于反对国家目的而支配国民的时候，这被称为滥用权力，因为这种行为超出了执政者的职权范围。

§368. 根据国民契约，国家中出现了两个神秘的角色——执政者和国民——所有国民的总和。

§369. 为公共安全而使用方法的执政者的义务使他有责任保护社会中每个人的安全。他对国民的行为权利受到他的义务的限制。

§370. 按照联合契约的规定，保护本国公民的职责对于个人而言已直接转移了，他们有义务服从执政者，因为保护社会和个人的责任已经按照隶属契约转交给了他。

第六节 最高权力

§371. 属于执政者的所有权利的总和被称为最高权力，最高权力不受任何其他权力的决定，因此也被称为国王。最高权力依表现方式不同分为几类：①立法权；②执行权；③监视权。

§372. 国王的权利一部分是必然的，一部分是偶然的。第一种权利的缺乏会摧毁最高权力的概念，第二种权利的缺乏并不能改变它的本质。前者被称为原始权利，后者被称为派生权利。

§373. 最高权力必须实现国家的目标；因为它的行为必须一部分延伸到国家成员，一部分延伸到国外和个人，那么最高执政者必须拥有：①管理国民的权利，即根据国家目标引导他们的行为。该权利对国民而言被称为国王的对内权。②限制外国人行为的权利，为了使他们不违背社会目标，由此产生的权利被称为对外权。基于第一种权利的国王被称为执政者，另一种权利的国王被称为国家代表。

一、立法权

§374. 立法权是为国家目标规定方式的权利，因此它可以支配：①国民的行为；②国有财产；③最后，赋予社会一个与其目标相适应的方向和体制。

§375. 由执政者制定，而公民必须为国家目标而权衡自己行为的规则，被称为法律。以符合社会目标或为实现目标的适当方式，只能由公共意志决定；但这只被看作是执政者的意志，因此，立法权只属于他。这也就是为什么它被称为立法者的原因。

§376. 法律包括为国家目的而制定的方法，那么他们不应包含：①违背这个目标的任何法律，因此法律不应侵犯公共安全或个人安全。通过牺牲他人的安全为社会中某些成员造福的意图违背社会目标本身、最高权力的义务和法律的本质。②同样，法律不应该规定或禁止与社会无关的行为，因为公民被要求只为了公共安全而服从最高权力，因此，所有的个人事务和行为都是自由的，为社会目标的需要而会立即履行（如第366条所述）。

§377. 法律必须是普遍的，即对所有公民都有同等的约束力，因为社会的目标是共同的，应该共同促进它实现，因此，法律适用于所有公民，赋予每个人平等的权利和义务。这种平等就是在平等情况下人们有平等的权利和义务，因为联合契约和国民契约都没包括这样的规定，这也就是一个公民比其他公民负担更重的原因。如果立法权赋予一个人的负担比其他人大，那么这是根据不属于公共目标的特殊事务而引发的。

§378. 但是，如果公共安全要求某个公民或某些公民承担其他人现在或以后都无法承担的特殊负担，那么国家就必须为这些特殊负担作出特殊补偿。这样，立法权基于此可以为一些国民提供特殊的权利和优势，这被称为特权。因为当他们获得对为所有人安全而造成更大负担的补偿时，成员的平等不会受到侵犯。当告知某人享有特权时，如果与之相关的特殊义务得到履行，那么这个特权就不能再被剥夺。

§379. 最高权力必须保障国民的权利，因此它必须：①规定每个公民都拥有的权利和非权利。②规定如何保护他们的权利免受内部攻击和外部侵害。因此，立法机关有权：

a. 制定民事法律，以解决公民之间的法律纠纷。

b. 制定警察法，规定保护人身和财产免受暴力侵害、免受危害公民自由和福祉的自然行为和各种偶然危险侵害的措施。

c. 防止公民互相伤害的刑事法律规定了对所有罪行的惩罚。

d. 在获得国家收入之前设置预算规则，据此，保持国家内部机构的运行，保护工作人员的安全，以及有足够多的武装力量来保护社会免受外部敌人的攻击。

§380. 法律要求国民依法考虑自己的行为，但只有当立法权向公民宣布法律时，法律才能如此要求。宣布法律被称为公布法律。公布的方式必须是人们所共知的，必须是明确的，这样就没有人能为不遵守法律来找到为自己辩解的理由。

§381. 当立法权实施涉及社会目的的某些行为时，那么应承认，由此得出的结论是被同意的，这种因隐含法律而被接受的规则被称为习惯。

§382. 一项法律可以通过明确撤销而被废除，或者通过承认违反习惯而被秘密废除，或者通过一项新的法律，在其中没有明确废除的情况下包含了一个与先前法律相悖的制度。但是包含特定规定的先前法律不会被随后的一般法律所破坏，尽管它包含了违反新法律的内容，因为新法律的目的与立法者在颁布以前特定法律时的考虑有所不同。当此前特定法律的目的不能与后续普遍法规相统一的时候，之前的特定法律就会被废除。

二、执行权

§383. 执行权是执政者执行法律规定的行为的权利。因此它包括：①有权考虑国民行为是否合法，预防违背社会目的的行为；②评价外国和个人行为与国家目标是否相适应，并强制他们履行由共同理性原则或特殊条款规定的完整义务。在第一种意义上，执行权被称为司法权，在第二种意义上，执行权被称为对外权。

§384. 司法执行者有权将所有有争议的案件纳入现

行法律,作出裁决、判决和结论:国民必须承认这些判决的有效性。

这是一种最高权力,任何重审都不可能发生,否则执政者本身就成了国民,这本身就是矛盾的,因为他的权力将取决于另一种更高权力(如第364条所述)。

§385. 司法权受现行法的限制;它的所有决定、判决和结论都必须基于立法权的预先规定,因为它的行为只包括将个案置于普遍法律之下。从这里可以看出,它隶属于立法权,并只在立法权指定的范围内运行。虽然这两种权力可能以同样的方式结合在一起,但它们的行为却无法混为一谈。

§386. 因此,任何案件或行为都不能根据其发生之后的法律予以判决,因为法律只有颁布才有约束力:未颁布的法律还不是法律。因此,法律草案和已经批准但未颁布的法律都不能赋予国民以义务,它们依法都未生效。这就是为什么一个公民不能因为一项没有法律禁止的行为而受到惩罚,哪怕是对社会有害或对他人权利有害。理性法则给我们一种侵犯的概念,但如果没有实定法禁止它,它就不能成为惩罚的理由。

§387. 司法权中还包括:①规定审判程序、审判方式和侦查,以便作出合法判决;②在有依据的情况下获得适当的信息，以便对其作出适当的审判；③建立所需的审判场所，并确定在案件审理中获得真相的方法。

§388. 为实现这一目标建立的这两种机关和强制措施都必须符合法的一般原则。司法权和立法权都受到社会目的的限制。因此，对于一些社会成员而言，不能为向另一些人提供应有的待遇而破坏正义。刑讯、暗中监视、揭露个人隐私本质上都是违背社会目的的行为。

§389. 国民必须遵从法律，因此也必须服从执行法律的执行权。谁违反执法者意志，谁就是违反法律本身。但是，如果执法者以自己的意志代替法律执行，那么国民就有权利反对它，因为谁要求的不是法律所规定的，那么他就是非法攫取立法者的权力，可以抵抗不正义的攻击，因此可以抵抗不正义的执法者。

§390. 国民有完整义务服从司法权，因为必须使他们的行为合法。但是，根据国民契约，最高权力机关的法律只能规定那些为了实现国家目标所必须的内容（如第369条所述）。

§391. 司法机关应当无条件地执行法律，当然如果与社会目标不统一，国民就必须要求立法机关修改或废除法律，但不能要求执行机关停止执行法律。

§392. 司法机关将个案与现行法律相比较（如第384

条所述),因此它拥有调查权,因为只有清楚了解这些法律知识的人才能将案件与法律进行比较。因此,国民的义务要符合司法机关的这项权利,向司法机关报告特定法律规定的案件信息。

附释 司法权的行为构成了三段论,其中法律构成了一个大前提,案件为小前提,而判决则构成了结论。

§393. 但是司法机关不能使案件适用秘密的法律,因为含混不清的法律无法确定任何事或约束任何人,因此它就不是法律,在这种情况下,确定法律的意义就是制定法律;由于这种权利属于立法机关,那么对法律的解释也应属于立法机关的行为范围。

§394. 如果法律中没有含糊不清的内容,那对于发生的案件,解释权就属于司法机关,因为它有权依法办案,因此它也可以使用必要的方式解决这个问题。法律的黑暗被称为确定的黑暗,案件的黑暗则是秘密的黑暗(*lex in hypothesi obscura*)。

§395. 在说明案件后,司法机关根据立法意图进行判决。判决要么通过限制立法意图形成,要么通过扩大立法意图形成。第一种类型的判决,当发生的案件虽然表面上包含在法律中,但不属于法律的范围,或者因为法律所陈述的案件实际情况与所发生案件情况不同,或者因为案件的附带情况没有延伸到表面，例如：某人剥夺了他人的生命，那么他的生命就必须被剥夺。参孙出于友好给客人倒了酒。问题是，参孙就是杀人犯吗？第二类判决是，当出现的重大案件迹象和法律所描述的实质相同时，当附带的情况中没有包含可以从法律目标排除的实际情况时，例如：谁杀了人，谁就必被处以死刑。参孙让一个人饿死了，问题是参孙是否要按照规定杀人的法律而负有罪责？

§396. 当案情相同时，司法机关的判决必须在自己的判决之间达成一致，因为对他们而言法律是一致的。在同一类案件中，不同的判决要以司法机关偏离法律为前提，这违背了它的义务。在法律冲突的情况下，司法机关必须向立法机关提出，因为在两项矛盾的法律中不可能产生一样的结论，因为他们本身会相互废除。制定法律是立法机关的权利，因此，赋予其中一项法律以效力而废除另一项与之相矛盾的法律也取决于它的意志。

§397. 拥有对外执行权的机关有权决定，是否与外国缔结和约、友好联盟或向谁宣战，以保护社会权利。决定这种事务，执政者既不受任何人的约束，也没有责任向任何人汇报，否则他就不会成为如第384条所描述的执政者了。他的这些行动仅受社会目标限制：只要他考虑到这一点，那么他的决定对所有人都是有效的。

§398. 基于对外执行权，执政者有权：

a. 强制国民承认并遵守与外国缔结的条约。

b. 下令和筹备保护社会免受敌人的攻击，因此可以征召、训练和供养军队，建造和维护防御工事。

c. 动员军队，强制誓为祖国服务的国民履行自己的角色对抗外敌。

d. 停止战争，在需要的情况下牺牲社会权利，割让部分领土以维护国家的整体利益。

§399. 但是，如果社会成员赋予执政者对抗外国人的权利，一部分受国家目标的限制，一部分受其国民的道德限制，一部分受其特殊义务的限制，因此他无权：

a. 违背社会目标缔结和约或进行谈判，因此，他不能将他的国民转交给另一个专制执政者。

b. 不是为了国家目的使用国家武力，而是为了他们自己的设想，或者为了其他国家的利益，牺牲他们的财产或自己国民的鲜血。

§400. 但是，只要执政者抵抗外国的事业不违背社会目标或能够与社会目标保持一致，那么在此之前它们就被认为是合法的，虽然它们被某些成员视为对国家有害或无益。然而，对同胞造成不正义的任何事都应被视为非法的。

三、监视权

§401. 监视权是执政者探问与国家目标有关的一切事物的权利,例如:关于威胁社会或公民个人的危险,以及关于为避免危险能够使用的手段。

§402. 监视权要么是普遍存在于国家的所有场合中,要么是在根据他们对待社会目标而值得执政者关注的特定环境中实施的。

§403. 一般监视权只涉及国家对其他国家和个人的关系或者国家地位,因此它取决于领土、财产、武力、思维方式、公民的道德和行为。

§404. 根据对外国人和居民的一般监视权,执政者有权使用一切合法手段,以获得关于国家对处在重要关系中的其他国家的全面、准确和核心的信息。但这些方法只有在不侵犯其国民和外国人的权利情况下才是合法的。据此执政者有权:

a. 获得关于外国对执政者及他所管理国家的态度,关于他们武力、政治关系、贸易和产业的信息。

b. 如果他本人不能履行这一义务,那么可以将这个义务赋予某些公民,命令他们只为此目标而采取合法措施;违背正义和善良道德的手段,国民不会选择也没有义务要求使用。

c. 同样,他也不能要求其他国家,将他们的代表人限制在自己国家内。每个国家都有权隐瞒自己的国家状况,以及与其他国家的关系,因此它可以抵制其他国家的探查。据此,不准公使进入任何国家都不能被视为不正义。

d. 此类探问并非基于对外交公使的授权,而是基于外国国家的批准,当公使违背其意愿收集上述信息时,外国有权将公使驱逐。

§405. 根据对国内情况的一般监视权,执政者有权使用一切合法手段获取有关社会状况和与之相关公民行为的信息。凡是对社会状况有影响的事务,在执政者看来都不可能不重要;因此,只要他认为有必要,他就有权考虑国家的状况。因此他有权:

a. 获取有关财产的信息;国民的力量和行为,以及他们的思维方式、隐私和权利。

b. 为此,执政者不能使用与公民的自由和人格不相容的手段,因为根据公民契约,公民将人格权转交给执政者,以保护所有的个人权利。

c. 任何国民都不能接受违背其同胞自由的委托,因为根据联合契约,公民承诺不侵犯相互的权利。因此,每一个暗探都是社会的敌人,因为他侵犯了国家公民承诺合力保护的个人自由。

d. 因此，对国民行为的探问和了解不应侵犯个人自由，否则手段就优于目的本身了。

§406. 根据对外国人的特殊监视权，执政者有权使用一切合法手段，了解外国政府可能对本国产生影响的态度和行为，并要求他们对某些行为、武器情况、军队集结、限制或终止贸易的情况作出说明。

§407. 依据对国家内部状况的特殊监视权，执政者有权询问其国民可能直接或间接对国家造成危险的个人事件和行为。他有权使用一切方法查明国民的这些事件和行为是否真的对国家构成危险。

§408. 当存在对社会或其个别公民造成危险的可能性时，则称它为危险的。这种可能性是基于这样一个事实，即表明危险的理由比否认其存在的理由更有说服力。怀疑的理由是可以合理地得出某些事件的可能性结论的情况。此类情况是已完成的事件的标志，或与事件本身有关的事件，或最终是事件的结果。

§409. 每个可疑的人都有接受调查的义务，因为每个人都根据联合契约承诺愿意消除对社会的危险，但这种怀疑应该是由法官作出的合法行为，因为根据国民契约，每个人都有义务因自己的行为对法律，而不是对个人意愿作出回应。

§410. 对任何人的怀疑仅在于确定审查理由，以宣告无罪或揭发这些人，因此，不能对他施加任何暴力。涉嫌犯罪的人还不是真正的罪犯，因此，刑讯和任何残酷拷打都是非法行为。

第七节　国民与执政者的关系

§411. 执政者不依附于任何人，因为他拥有最高权力，因此国家中没有任何权力可以高于他，否则执政者将受制于另一种最高权力，这本身是自相矛盾的。所以，一切都应该服从于执政者，但他自己不承担任何责任。

§412. 执政者是神圣不可侵犯的，国家中任何人都不能违抗他，因为如果有人有这样的权利，那么他的权力将大于执政者本人的权力。

§413. 同样，国民的人身和财产权利不受侵犯。国家不能赋予任何人伤害国民的权利，因为这不是权利（如第152条所述）。执政者只能通过合法手段实现国家目标。谁履行对社会的义务，谁就对社会有权利。剥夺他的任何利益都是对权利的侵害。目标不能使手段变得高尚；因此，不正义的措施超出了最高权力的行为范围。

§414. 实际上，隐藏在不正义行为背后的国家原因(raison d'Etat) 不能被自然地承认。这些隐晦的表现被用来避免必然在人民中间由于不公平审视而出现的不安，这是由公权力造成或许可的，因为人民普遍相信的是，政府不能以非正义的方式行事。通常这样做是为了获得一些特别利益或避免特别伤害。但对国家最大的利益是正义，最大的恶是不正义。

§415. 但是，如果出于必要或国家原因，就意味着执政者有权要求其国民在紧急情况下提供紧急捐赠或使用紧急措施，不过不能否认合法方式。当在极端情况下不可能以另一种方式实现共同目标时，这些方法的正义性就是从国民一致同意使用它们的假设中认识到的。因此，执政者有权烧毁城市，毁坏国民的田地以保护国家，否则他无法做到这一点。但有些人的捐赠是以其他人的补偿为前提的，因为根据国民契约，没有人承诺会为了他人的利益而牺牲自己的生命和财产，或者比其他公民捐赠得更多。

§416. 最高权力仅限于以合法方式实现国家目标；国家的所有成员都服从于它，因此国家中存在的所有个人组织都从属于它。执政者可以为了社会目的尽可能地限制青年人。为了使他们达到这一标准，对他们进行了重要审查，并且比个人行为更加谨慎地观察他们，因为群体可以比一个人更快、更方便地实施不正义。

§417. 但是执政者无权一开始就对社会使用强制手段，因为只有当犯罪已经发生或犯罪发生变得可信时才可以如此。否则，就可以将恶作为惩罚施加在看不见的人身上，个人和团体领袖都无权这样做。

§418. 当私人或组织为他们的目标而努力时，执政者也只能以消极的方式对他们实施行为，即确保他们不会成为组织的障碍；但是，他无权以积极方式，即合乎他们的目标性质、手段的善意和可靠性等方式对他们实施行为。但是否有人会成为社会的敌人，对此不应该通过披露和怀疑来判断，而应该通过明确和毋庸置疑的表象来判断。

§419. 执政者的权利决定了国民的完整义务，俗称公民服从。公民有义务无条件地服从执政者，即毫无异议地执行他的合法命令。

§420. 因此，公民服从不是盲目和机械的，而是明智和谨慎的，是基于对义务的判断，不是源于恐惧和奴性的懦弱，而是源于自由和对所有合法行为的尊重。每个社会成员都应希望根据一般理性法则所应当希望的东西。执政者阐明公共愿望的对象，所以他的意志代表了公共意志。因此，谁反对执政者，谁就反对共同意志以实现他的私人意志，这违反了联合契约，据此，公共目标必须成为共同愿望的对象。

§421. 因此，国民仅有权判断，他应服从的意志是公共意志还是私人意志。国民不能否认这项权利，因为他必须知道，这是否是他的义务：没有这些认识就不能履行这些义务。

§422. 执政者的意志被认知是：①通过执政者自己确定的积极表象；②通过从最高权力本质中认识到的消极表象。

附释 执政者的行为是公共意志或最高意志的积极表象，与公共目标不矛盾的命令是消极表象。如果执政者的法律违反了它应该捍卫的权利，尽管它包含了公共意志的积极表象，但没有消极表象，因此也是无效的。

§423. 最高意志的消极表象：

a. 如果它不违背国民义务的任何内容。

b. 如果它没有侵犯被赋予义务的那些人的权利。

任何包含一个或两个迹象的法律都不能被认定为最高意志，因为：①如果法律规定某人必须实施违反义务的行为，那么它同时也侵犯了这个人的权利；按照信念行事是一项本质的、不可剥夺的人权；任何人都不能根据国民契约为最高执政者的利益而放弃这个权利（如第182、183条所述）；同样，②如果法律要求某人侵犯它的权利，那么可以不认为这是最高意志,因为公共意志或最高意志在于保护每个人的所有权利,规定可以侵犯一人或多人权利的意志,就是违反公共意志,因此也不能认为它是最高意志。

§424. 因此,公民服从有其界限,即国民义务和权利。国民不能违背义务而服从,让渡特殊权利而服从是允许的,但任何人都可以拒绝这种服从。在这些限制下,国民有义务:①承认国家法律及根据它们行使赋予他们的义务;②受司法机关的审判;③因不履行义务而遭受强制措施。

§425. 但是,当一个国家的法律制度对于国民和国家偶然产生的不正义缺乏合法手段予以消除时,那么国民就有义务毁掉它,因为在这种情况下,执政者希望促进国家目标,但却被对于人类本性而言无法克服的障碍所阻碍。

§426. 但是,如果最高意志是这样安排的,即必须从侵犯人权中产生,例如,一个篡位者只是通过对人民的掠夺来行使自己的权力,那么任何人都没有义务去服从他。

§427. 至于对执政者而言的国民权利,第一,他们保留了所有未根据国民契约转让的权利;第二,保留了那些从执政者或其他契约中获得的权利。

§428. 根据国民契约规定的公民权利,一部分是人身权利,另一部分是物的权利。

人身权利是：①生命权；②行使自己力量的权利；③获得幸福的权利。

§429. 物的权利是：

I. 完全排他使用物的权利；II. 有权占有和支配合法方式获得的排他性财产。

§430. 因此，每个公民在不妨碍公共目标的前提下可以行使一切权利。每个人都可以追求与社会目标相对应的目标，做任何不引起侵犯国家的事情。所有人都能拥有无限制的行为权，但这些行为不能有损于社会（如第366条所述）。

§431. 因此，每个人都有情感和思想的内在无限权利，无论它们是道德的，还是邪恶的。一种思想未对其他行为造成任何损害，那么不赋予执政者惩罚权，因为侵犯其他权利的并不是思想而是事件。

§432. 所有的个人活动，如谈话、通信、创作——至今为止必须依法予以尊重，并且完全自由地存在于每个人的自由之中，直到从中直接地产生了某种犯罪或者持续产生犯罪时为止。

§433. 因此，国民保留为个人目的而建立团体的权利。执政者只对他们有消极的监视权，也就是说，关注不要让他们做任何违法的事情。

§434. 由国民组成的团体，契约和执政者有权支持和限制他们，但不能任意更改的是婚姻、服务契约、宗教团体、学术团体、经济组织，以及为平等事业和目标而建立的组织。

§435. 国民对执政者的要求，部分是肯定性的，部分是否定性的。根据第一类肯定性要求，国民有权要求执政者：①在所有机构中，他必须尊重每一个国民的权利，尊重每个人的必要目标，尊重团体中的每个人和成员；②用一切力量无区别对待地捍卫每个人的自由；③抵抗他人攻击以保护每个人的权利，并强制履行国民的相互义务。否定性要求是：①任何国民不可被作为手段使用：除非是根据联合契约为了国家目标；②对公民自由的限制不能超过团体目标所需的限制；③根据如第386条所述产生的法律的规定，任何公民都不能受到强制和惩罚。

§436. 由此表明，当执政者被视为抽象概念时，那么国民对于他而言无强制权，因为他当时只有一个公共意志并必须希望根据联合契约每个国民都应希望的东西。因此，国民有义务无条件地服从他。

§437. 但是，当一个执政者被看作是一个物质存在或道德存在时，他在描绘公共意志的同时也有自己的个人意志时，当他在公共意志之下执行自己的个人意志时，服从义务就不会延伸到他的国民身上了。

§438. 因此，服从义务不会延伸到国民身上：I. 当所述行为不涉及公共目标时；II. 当他们不赞同国民契约或不遵守契约时；III. 当违反对所有人适用的实定法时，因为这样的规定源自个人，而非公共意志。

§439. 在任何其他情况下，当执政者真正表达公共意志时，国民都必须服从他：个人滥用权力不会破坏他的最高权力。

§440. 在一个富裕的市民社会中，为公民规定合法手段以寻求保护和满足：I. 当法律要求某人以不正义或不可能的方式追加义务时；II. 当执政者违背他们的义务，强制国民做任何不正义或不可能的事情时。

§441. 但是，追求正义和满足必须符合法的一般原则；因此，它对于程度和方法而言都是有限的。当国民不能合法产生强制时，他就必须忍受侵犯，因为他不能以非法的方式强制。因此，阴谋、叛国、暴动等不能被用作强制手段使用。

§442. 反对暴力的方法要么是由实定法规定，要么是没有规定。在一种情况下，它们必须依法适用，在第二种情况下，它们必须根据一般理性原则使用。

第八节　国民的相互关系

§443. 根据联合契约，人们为了捍卫相互权利而联合在一起，因此，任何人都不能剥夺他人的权利，任何人都无权把任何公民当作一种工具或一件简单的物来对待。所有公民都是国家成员；每个人都必须被看作是一个精神存在，一个自我目标。

§444. 一个人对另一个人而言的所有权利都是通过契约获得的。因此，国家成员不能通过出生或继承来取得另一个人的权利，因为这些行为不是契约。但是，通过出生和继承可以将财产、称号和各种利益转让，因为这些是合法属于自己父母和祖先的物。

§445. 任何国家成员都不能强制其他成员保持某种状态而放弃完善的权利。此外，一个阶层不能要求另一个阶层为他服务并听从他的命令。

§446. 因某人的特殊功劳而赋予其特殊社会奖励权利（如第378条所述）。但是，任何功劳都不能获得取得他人的自由和财产的权利，否则功劳本身也会使社会将其成员置于危险之中。对国家成员使用国家财产对国家成员进行奖励并不违反规则。相反，谁为社会牺牲了自己的安宁、工作或生命，谁就应该获得利益，这十分公平。那时他就成为了为社会带来利益的参与者。

§447.因此，如果一个人想取得另一个人的服务权，那么他可以通过契约。但是在这种情况下，一个国民有权要求另一个国民不能超出契约中的承诺。

§448.因此，国民保留着反对其他人自由的权利。一个执政者仅被他们赋予了保护他们自由的权利——一种在社会外的状态下对他们而言毫无用处的权利。但是执政者承诺用全部国家力量来保护他们的自由。因此，国民之间的相互关系在任何方面都没有改变，一个人对另一个人而言仍然是完全自由的，因为他们首先必须遵守他人的权利，并且只能与普遍自由一起共同行使。根据国民契约，他们赋予执政者以实定法确定他们的自由边界的权利，这样他们彼此之间就不会据此对共同权利产生非法要求和产生争端。但是，实定法不应认为所需要的权利的界限比每个人的自由更大，否则他们就会违背自己的目标。

§449.因此，在国家中每个国民都可以自由行使其原始权利和取得权利，其他人不能阻止他们。谁侵犯别人行使权利，谁就是侵犯自由的人，因此可能会被强制：①停止非法行为；②为所造成的伤害作出赔偿。

§450.因此可以发现，国民在缔结国民契约后享有与以前一样的权利。权利只能根据法律规则来判断，转交给执政者强力执行。在此基础上，如果法律或事件情况本身没有从这个原则中作出说明，那么任何人都不能要求其他人帮助对抗侮辱性行为，也不能向其他人提供帮助，因为自治是对最高权力的侵犯。

§451. 所有的国民都是平等的，但这种平等是所有国民都可以被执政者强制承认相互的权利，因为执政者有义务用同样的强力捍卫所有国家成员的权利。因此，一个人在某种情况下不受惩罚，另一个人在同样情况下、同样的罪行中受到最严厉的惩罚也是不能被允许的。在法律不公正的地方，赦免权属于执政者：所有其他的理由都是微不足道的。

§452. 然而，国民的平等并没有受到侵犯，这一平等是在最高权力分立开始时相互依赖，一个人为金钱而给另一人提供服务，一个人拥有不动产，而另一个人为使用该不动产而支付钱款，因为这样每个人都获益于自己的权利。但是，当一个人被赋予了禁止其他人自由取得权利时，平等就会受到侵犯。如果不违背社会目标，当一个人拥有某种权利时，那么另一个人就应有同样的权利。

第二章 相对的国家法

初步认知

§453. 相对的国家法是构建社会的必要条件；它决定了必须要执行或放弃的东西，以在联合组织中的人们能够保护他们的天赋权利和取得权利。人们的联合、设置政体形式、公共事务的解决和进行是本学科研究的对象。

§454. 所有国家在本质上都是一样的，都表现为人类群体的共同目的，以及进行公共事务的某种形式。到处都有统治权和服从权。这种制度的法律方式对于所有国家都是一样的；在现实世界中，每个国家都必须建立在普遍的法律基础上，那么对现实国家作出判断的原则是不可改变的，也是不受限制的。

§455. 基于合法形式建立的国家之间，因体制不同而存在差异。这种差异的原因大多是政体不同，根据法的一般原则对政体进行的研究即为相对的国家法。

§456. 只有有能力表达意见的国家成员形成完全一致的共同意志才能被认为是最高意志；它有两种方式：①所有国家公民在每次事务时都聚集在一起，根据一致同意来共同解决问题；当他们真正团结一致时，共同的意志就存在了；但如果不一致，那就没有共同意志；②产生共同意志的另一种方式是，所有成员都同意应该有一个共同意愿，但他们自己放弃决定这个共同意志的权利，把它留给某个人来表达。

§457. 表达共同意志的第一种方式可以在心里暗暗提出，但这不实际，因为：①国民不同的教育程度和不同利益阻碍了他们在所有特别情况下达成一致；②在国家的任何个别事务上，平等地讲道理都是不可能的；③不可能知晓每个人的真实想法；④这样的执政者不可能合法地表达自己的意志；⑤因此，这种形式不可能实现国家目标。

§458. 因此，最高意志只能以第二种方式产生，因为国家成员必须接受它，所以他们必须同意，在能遇到的所有特殊情况下，实体人或道德人发挥最高功能。当国民同意将权利转让给某人时,那么被授予权利之人的意志就取代了所有人的地位;每个人都必须承认它是最高的,并且已经不再取决于谁了(如第354条所述)。

§459. 每个国家都须有一种由国民契约规定的政体形式,因为没有众所周知和明确的最高意志,任何国家都不可能存在。

§460. 因此,国民契约必须包含一个特殊条款,规定政体形式和公民服从被授予最高权力的那个人。但是,如果没有规定社会目标的政体形式,且最高权力可以以不同方式进行安排,那么社会成员应就国家该为何种政体形式达成共识。

§461. 国家的第一个创始人确定政体形式。这是一项伟大的事业,他们可以在公共会议中根据一致意愿实现,他们可以委托给从他们的同胞中选举出来的组织或阶层,或者最后赋予一个其智慧与美德都有别于其他人的人。这些建立政体形式的不同方式实际上并非都合适,但都符合法的原则。

§462. 政体形式决定:①在这个国家中谁应该是执政者;②他的权力应该受到多大限制。最高权力的自然界限通常在每一种政体形式中都有一个预设。对最高权力的积极限制是一种专门表示,据此来认知执政者的意志何时要尊重公共意志，何时要尊重他的个人意志。

§463. 规定国民与执政者关系的国民契约条款就是基本法律。它们对与缔约双方即国民和执政者来说是平等的。根据双向契约，任何一方都不能违背或任意更改契约。

§464. 当执政者违反国家的基本法律时，他的意志在这种情况下就不是最高意志，而是个人意志，不服从他的人并不侵犯执政者的权利。

§465. 国民有权要求执政者遵守国家基本法律，因为每一项双向契约都使双方获得了一方反对另一方的强制权。然而，双方只能相互使用正义的强制方式。为了避免滥用职权，国民契约中规定了强制方式。

§466. 这表明，国家的最高权力只能通过所有有能力表达自己意志的公民间接或直接的转让而取得。该契约可根据需要或自愿以明确或默许的方式缔结。默示契约和明示契约（如第228条所述）同样有效。

§467. 国家是一个永无止境的社会，至少它在法的一般原则上是这样的。因此，国家的最高权力必须永久行使；但它所委托的人是一定会死亡的。因此，国民契约还应该规定最高权力必须从一个人转交给另一个人的方式，使其能够不间断地存续下去。社会的第一批创始人有权制定规则，规定最高权力应该从一个人移交给另一个人。

§468. 社会的第一个创始人的后代必须承认现有的政体形式，以及最高权力从一个人转移给另一个人的方式。因此，对于政体形式，他们只能按照所有社会成员，即国民和执政者的共同意志作出修改。实际上，双方都认识到，如果一方不能容忍暴力，那么就会允许更改另一方所运行的政体形式。

§469. 因此，当一些人不履行基本法律规定的义务时，那么另一些人则有权采取对抗他们的严厉强制措施，但不能违背或更改他们的政体形式。甚至当实定法不能给我们提供保护安全的某些方式时，每一方获得根据法的一般原则自发保护自己的权利，那么这时谁都不能违背政体形式，因为联合契约和国民契约不只是和一个违背了它的人缔结的，而是和许多没有参与侵犯它的其他人缔结的。违反与那些自己违反契约的人缔结的契约，可以作为强制手段对他们使用，但不能侵犯那些没有侵犯我们的人的权利。

§470. 政体形式各种各样。从法的一般原则上看不出哪种是最好的。国家的目标是安全，因此最好的政体形式是让整个国家和公民个人更安全。但一个国家的自身情况能表明，哪种政体形式，以及在哪个时期可以为该国提供更多的安全保障。某个或某些公民对现有政体形式缺陷的看法并不意味着他们有权更改这种政体。

§471. 法律不能研究所有的政体形式，因为它们是按照人类社会的经验和需求决定的，因此是无限的。但是根据法的原则可以探究最重要、最为知名的政体形式。

§472. 建立一种政体形式的难度在于，最高权力必须符合社会目的：它必须在特定场合代表所有人的意志，或者至少是大部分公民的意志。解决这个问题可以有多种方式：

I. 所有有能力投反对票的公民都将根据自己的考虑和意愿决定公共事务，并承诺自己无条件地相互服从共同决定。这种政体形式被称为民主或人民政体。

II. 所有公民选举出部分有名望的优秀人物，他们应处理社会事务并治理所有事。这种政体方式是贵族统治或者是贵族政体。

III. 所有公民选举一个人，承诺无条件地服从执行他的决定。这种政体方式是君主制或所谓的专政政体。

§473. 上述政体形式都可以根据最高权力的界限被区分。一些政体形式赋予执政者全权处理国家的所有事务，另一些政体则认为权力是有界限的。因此，政体形式被分为不受限的和有限制的。

§474. 执政者之所以被称为不受限的，并不是因为他不受自然正义规则的约束，而是因为他有权不取决于他人而按照自己的考虑表达共同意志。因此，他的意志只要符合法的一般原则，就必须认为是最高意志。

§475. 有限制的执政者就是要根据国家现行基本法律规定的方式来表达共同意志。但如果他没有超越界限表达意志，那么他的命令肯定会如同无限制的执政者的命令一样被无条件地执行。

§476. 国家的创始人可以赋予执政者有限和无限的权力，因为他们可以有条件或无条件地履行国民契约。但是，当他们没有在该契约中规定任何条件时，那么就假定赋予了执政者无限权力，因为如果某个契约无条件地赋予权利，那么就意味着，取得权利的人可以任意行使这些权利。

§477. 每种政体形式都必须不受执政者或国民的影响。只有在双方同意或者一方违反国民契约的情况下才能更改。

第一节　民主政体

§478. 民主是一种政体形式，最高权力属于作为道德存在集合的国家所有公民。民主可以是有限民主，也可以是无限民主。在一个无限民主政体中，所有公民在公共会议上都有平等的权利并表达他们的意志而不受任何实际限制。在一个有限民主政体中，人民最高意志的表达是由一定规则决定的，或者取决于其他更高的阶层。

§479. 民主政体中的公共意志只能通过公共会议中的普选来决定。由于民众阶层拥有最高权力并且完全自由，因此它可以支配所有的公共事务，决定最高权力的履职方式，制定和修改法律，确定为实现社会目标而采取的一切措施。

§480. 民众阶层成员的选票是平等的，因此履行事务和法律规定必须在被称为国民议会的公共会议上提交。民主政体下的公民合法地只将事务提交给国民议会。

§481. 但是为了在这些会议中没有混乱和分裂，就需要基本法律规定：①谁有权在国民议会中投票；②什么应当被认为是全体会议的共同意志；③国民议会应该在哪里举行，什么时候举行；④国民议会以何种方式召开；⑤应该如何投票和收集选票；⑥以何种方式得出结论。

§482. 国民议会不可能每天都举行，因此公共事务的管理根据民众阶层的决定要么委托给一个人，要么委托给一些成员。这样，要么是团体的执政者，要么是政府官员，要么是一个特殊阶层以最高民众阶层的名义对管理的事务作出决定。

§483. 参与国民议会的权利是可继承的权利，因为根据它的性质总是属于有名望的人士，从他传给其继承人，例如家族的父权、某种财产的所有权以及其他。在国民议会中继承和取得权利的方式是由共和国基本法律决定的。

§484. 因为国民议会是人民和最高权力的代表，所有公民甚至是每个独立的国民议会成员都受国民议会的约束。因此，在民主共和国中，没有人是自由不受限制的，但只有民众阶层是自由的，无论对于国家外部，还是在其统治下的共和国而言都是如此。

§485. 民主可以以这样一种方式建立，即并非所有社会成员都直接参加国民议会，而是间接通过那些被他们授权和委托的被称为代表的人从选民那里获得命令，即国民议会应以何种方式运作，以及需要什么样的法律。为了政体能够保持民主性，他们必须根据这些训诫对自己的选民负责。如果没有这些，那么民主政体就会变成贵族政体。

§486. 从对民主的认识可知：

a. 虽然所有公民都是代表执政者的道德人，但每个人都是单独的一个国民。最高权力不属于他们任何人。

b. 人民拥有一切权利的总和，这些权利在君主制中是属于个人的，在贵族政体中则是属于最高等级的。

c. 国民议会中的决定应当被认为是在国家中一切国民都必须服从的最高意志。

d. 在国民议会中，多数票决定了事务的解决方案，事实上它就拥有最高权力。

e. 但大多数人无法改变政体形式。因此，民主政体中执政者对于政体形式而言也是受限的，只能通过共同意志改变。

第二节　贵族政体

§487. 如果社会的创始人同意向某些被选定人士的阶层赋予最高权力，那么这种政体形式被称为贵族政体。最高权力所属的公民组织，被称为最高委员会。这种权力要么不受已知实定法的限制，要么受到限制。

§488. 贵族政体中的最高阶层的权力属于所有个人公民和所有特殊阶层，以及其阶层成员，因此在贵族政体中没有人是自由的，只有对于市民社会和国家外部而言，最高阶层才是自由的。

§489. 由于最高阶层的权力是从人民那里获得的，所以它代表人民。他们的意志被认为是人民的意志。

§490. 在建立贵族政体时，人民根据最初自由决定了行使最高权力的方式。因此取决于他的意志来确定：①贵族官员的数量；②选举他们的方式；③是临时任命他们还是永久任命他们；④他们的继任者是选举出来还是根据某些法律任命；⑤贵族权利是属于某些家族，还是与一定的财产相关，或者最终与某些个人品质相关；在所有这些情况下，被称为基本法律的都是由人民意志赋予的。

§491. 因此决定最高阶层和人民关系的法律构成了国民契约的条款。最高阶层对于人民而言需要受到这些法律约束，并且没有人民的同意就不能更改这些法律。如果最高权力无任何条件地转交给最高阶层，那么它就像国民议会一样，可以任意制定和修改法律。

§492. 当最高阶层的表决权属于知名家族或与某些财产所有权相关联时，那么贵族政体就是世袭的。但如果表决权是通过选举或者最高阶层本身，或者人民获得的，那么贵族政体就是选举的。混合贵族政体是由选民选出的，但只能由知名家族或某些财产所有者选出。

§493. 如果在贵族政体中选举贵族官员的选举权不属于最高阶层，而是属于人民或其代表，贵族官员在很大程度不依赖于人民权力，那么这种政体形式就是贵族政体，尽管它看起来是民主政体。

第三节 君主政体

§494. 当一个实体人被赋予国家的最高权力时，它的政体形式被称为君主政体，分为无限君主政体或者有限君主政体。当一个君主关于公共事务的自我意志可以独立于国家中的任何人或当现行法律不能决定他的权力空间时，就是无限君主政体。当一个君主不仅要根据自己的良心，而且要根据已颁行的现行规则行使赋予他的权力时，没有对其意志的监督就不能被认为是最高权力时，就是有限君主政体。对确定最高意志有合法影响的人被称为政府官员。

§495. 当君主使用国家暴力对抗国家或不符社会目标的时候，当国民像奴隶一样被剥夺了原始权力和派生权利时，这种政体形式被称为专制政体。

§496. 国家最高权力最初是根据国民契约设定的。在君主制国家中，人民向被选举出来的人赋予最高权力，而后者则同意人民的提议。这样，最高权力就是通过契约获得的。

§497. 由于君主的权利是个人权利，即只赋予他一个人的权利，那么在当选的君主去世后，最高权力就又回到了有权选举新执政者或更改政体形式的人民手中。

§498. 人民是一个永无止境的组织。国家的执政者一定会去世，对此人民必须确定在位君主死后由谁继承王位，以及如何继承，因此，由人民来决定这种权力继承。在君主制国家，由人民同意决定的每一种继承方式都是合法的，因此继承方法可以根据法律原则表现出来。

§499. 在君主政体中，每次王位空缺后都会选出一个新的执政者，这被称为选举君主制。当继承人不是根据选举而是根据既有法律继承王位，那么这种君主政体被称为世袭君主制。如果继承人根据法律获得了最高权力，还必须获得人民的同意，那么这种继承方式被称为混合君主制。

§500. 选举执政者的方式不会改变最高权力的本质。因此，在无限君主制中，虽然新君主拥有完全和无限的权力，但不能改变继承方式，因为它不是由选举产生的，而是根据国民契约设定的。

§501. 君主去世后，直到确定继任者前，王位空缺，这种状态被称为王位空缺期。在此期间取决于人民按照共同意志或者将权力委托给某些公民来管理国家。在王位空缺期受委托管理国家的人被称为国家执政者，他只是人民的代理人，而不是统治者；他的职权只是暂时的，会随着新君主的当选而结束。

§502. 人民选择君主的权利要么由人民自己决定，要么根据一定的规则和条款委托给某些人，要么就是完全无条件地委托给某些人。根据规定的规则进行的选举被视为合法的，而违背规则进行的选举则是非法的。

§503. 选举是一项契约，其中缔约双方是：①提供最高权力的人民；②接受最高权力的人。由此可见：I. 直到当选前，被选中的人都没有最高权力；II. 在选举期间，人民可以为新当选的君主制定规则。这些规则被称为选举准则；III. 被选举人可以在这样的准则下接受或不接受最高权力；IV. 如果他接受了，那么他就获得了统治权，并将选举准则作为基本法律接受其约束。

§504. 在君主制中，选择王位继承人的权利不属于国王，而属于人民或人民代表，因此选举行为不取决于国王的意志。如果继承人在国王的有生之年当选，那么他既不能阻碍选举，也不能强制为人民指定自己王位的继承人。人民合法地选举谁作为在位国王的继任者，他就是君主制国家的继承人，在他的前任去世后，他立即获得了统治权。

§505. 在世袭君主制中，法律是由有能力继承王位的人制定的，这是继承的最有效方式，但这样就会出现不正义的企图，以及对此的争议。这样的法律是由人民的同意制定的，据此，第一位君主的当选得到了人民的认可。这些法律对人民、君主，以及所有后来据此将有继承权的人均有约束力。因此，这些法律被称为基本法律。

§506. 根据世袭君主制的基本法律，王位空缺后，继承人无需人民同意即可继承王位。虽然他受以前的基本法律约束，但不受任何新义务的约束。这种继承模式一直延续到王室家族终止。当王室家族终止后，人民就有权再次选举继承人，并决定继承的方式。

§507. 如果君主政体的继承形式是混合模式，那么虽然根据人民的意志，继承人不能不被授予权力，但如果他明显无能力或不同意人民所提出的条款，人民就不必承认其为继承人。

§508. 如果在君主制中，继承权只局限于家族中第一个取得王位的后代，那么继承就被称为家族继承。如果继承人的确定取决于前任君主，那这样的继承就被称为世袭继承。

§509. 在世袭君主制中君主拥有最高权力是其特点。如果他可以任意地将最高权力转移给另一个人，那么君主制就被称为不完全世袭君主制，如果可以任意将国土划分为不同的附属地或独立地区，那么君主制就被称为完全世袭君主制。

§510. 世袭政体形式是违反社会目标的,因为,第一,据此所有的人都是执政者的财产;第二,国家领土的划分,在完全世袭君主政体下会使国家陷入危险和毁灭。

§511. 在家庭世袭君主制中,家族成员的继承顺序是确定的,排在第一位的人就被认为是继承人。随着王室家族的结束,人民有权选择继承人并决定继承方式。

第四编

国际法

引言

§512. 与其他国家和个人相关的国家被称为民族(作为国家的民族)。作为一个道德人,它对其他国家和个人具有权利和义务。

§513. 国家之间的相互权利和义务要么由法的一般原则决定,要么由国家彼此之间缔结的协议和契约决定。基于此,国际法是自然的和实定的。

§514. 虽然国家权利是以对道德存在的认识来定义的,但它们可以通过确定自身内容和相互关系更加准确地进行定义。

§515. 国家的状态有两种：绝对的和相对的。在第一种情况下，国家被认为是抽象的，不能像独立的个人一样获得任何权利和义务。在第二种状态中，国家从本身已经发生的自由行为中考察它们的权利和义务。因此，国际法分为绝对的和相对的。

第一章　绝对的国际法

§516. 国家的原始权利源于对国家本质的认知本身。既然国家是一个道德人，那么属于它的权利包括：I. 有权作为一个独立组织存在。II. 有权为任意目的实施行动或使用自己的力量。III. 有权获得幸福。

§517. I. 根据自由权，每个国家本身都是为了自己的目的，任何国家都不能将其作为手段来达到自己的目的。因此，国家有以下权利：I. 领土权；II. 国家决议权；III. 国家对其国民的权利。

§518. I. 每个国家都有权支配自己的领土，任何人都不能干涉。因此，国家领土应不受其他任何国家的侵犯。未经同意或违背其意愿，不得在该国家领土内采取任何行动。即使没有造成任何实质性损害，任意进入该国领域也可能侵犯其权利。

§519. 根据这个权利，国家可以为其领域内的居民，以及临时居留在该领域内的外国人制定规章。对于后者的主要规则就是要遵守国家法律，否则在国家领域内接受外国人将违背社会联合的目的。

§520. 国家对一个地区的权利并不意味它可以拥有在该地区偶然出现的其他人的财产所有权，因为所有权人对财产不实际占有，或者其财产与其他财产相结合时，所有权人并没有丧失财产所有权。

§521. II. 国家决议权在于，只有国家才能自由地设计、纠正和更改各种决议。因此外国人只能要求国家决议不包含对其权利的威胁。与国家成员的需求不一致的是，并不赋予外国人权利改变它或要求政府本身进行这种更改。外国国民的申诉不能作为这种行为的依据，因为帮助他人是一种不完整的义务，不侵犯他人权利则是一种完整义务。

§522. III. 国家对其国民的权利在于，他们只受国家权力支配，其他权力无法支配他们的人身、行为和财产。因此，国家可以合法地抵制来自其他国家对其成员的任何影响。

§523. II. 行动权或使用国家力量的权利是，国家可以任意使用它们，任何人不能规定它的方式或停止它的行为。

§524. 国家力量一部分是精神的，一部分是物质的。第一种是为管理国家而设置的各种权力。第二种是公民的体力、他们的财产和为国家目的服务的各种机构。

§525. 为管理国家而设置的权力是立法权、执行权和监视权。如果不会导致对其他国家权利的侵犯，那么其他国家不得限制或阻止这些权力的行使。因此每个国家都有权：①在其国内行使立法权，与外国进行交往；任何人不得阻止它；②行使执行权，即解决私人争讼，缔结同盟，缔结和约，对外宣战，发动和终止战争。只有特殊危机才能赋予其他国家干预此类国家事务的权利。

§526. 国家的对外武力的权利由下列法律确定：①在不侵犯其他国家权利的情况下，每个国家都有权自行决定使用其对外武力；②每个国家都有权使用其财产来实现任意目标，其他国家不能阻碍或规定使用其财富的方式；③每个国家都有权集结军队、加强自己的边界并建构一切可能的内外安全防事。

§527. III. 作为一个道德人，国家的幸福在于实现其目标。目标的设定，选择实现目标的必要手段是国家权力，因为一个人的幸福状态并不侵犯另一个人的权利，因此根据普遍自由法则，这应该被允许。

§528. 因此，任何国家都无权为另一个国家规定目标和为实现这些目标所使用的手段的方式。为有害目的而滥用国家力量和贡献力量本身并不赋予任何人在这方面要求国家的自由和独立的权利，因为没有人可以确定这是否有助于另一个国家的幸福。

§529. 因此存在以下规定：

a. 每个国家都有权使用其物质财富并可以遗弃；

b. 每个国家都可以为它的成员的启蒙和教育而努力；

c. 每个国家都有权自由信仰宗教。

§530. 在绝对状态下，国家权利也是不可剥夺和不可让与的，因为没有这些权利，国家就没有独立性并成为受权力管理的一部分。

§531. 但在相对的状态下，国家可以改变自己的权利，因为通过这种方式，没有人会成为物。例如，如果一个团体的领袖放弃了最高权力，那么组成这个团体的成员不会失去自己的个人权利；如果整个国家都被授予另一个国家的公民身份，那么组成它的任何人都不会成为物，因为每个人都被赋予了对抗暴力的权利。

第二章　相对的国际法

§532. 根据国家的起源，国家仅对属于它的东西拥有原始权利，但是当通过取得无主物，或者物属于某人所有而经其同意时取得，它们就获得了权利。

第一节　占有

§533. 国家以与个人相同的方式，即通过占有方式取得对无主物的所有权。为了使占有具有法律效力，需要说明私法中关于此对象的归属性问题。

§534. 国家占有的特殊性如下：①国家比个人拥有更大的力量，因此他们可以占有大片土地和大量物品。但公海不能成为国家占有的对象；②然而并不能赋权于武力，因为强大和受教育程度最高的国家在夺取弱小和最野蛮的国家的权利方面是有限的；③国家不能均衡地掌握他们无法使用的东西，以及他们自身无法采取的行动。

§535. 国家占有的土地和物是它们的财产；它们取决于国家的最高权力，并且未经它的同意不得被其他国家使用或占有。

§536. 属于国家的物品，不仅包括构成公共财产的物品，也包括私人所有的物品；因此，一个国家有权保护属于其成员的物品免受其他国家的觊觎和侵犯。

§537. 当国家为了不拥有更多的财产权而遗弃某些物品时，这些东西就可以被另一个国家取得。但是一个无论多久都不使用的物品，都不能作为它被放弃的标志，因为该物的所有权人可以使用它，也可以不使用它。因此时效在国家自然法中是不被允许的。

第二节　国际条约

§538. 由于国家是道德存在，因此他们可以在一致同意的情况下相互转让权利并承担义务。因此很明显，国家之间可以缔结条约，为了区别于个人协议，这种条约被称为国际公约或国际条约。

§539. 国家不能自己缔结条约，而是需要通过国家中拥有最高权力的人来缔结条约，因此国际条约必须根据全权缔结条约的规则来判断。社会联合契约和国民契约决定了社会领袖在缔结国家条约中的权力范围。

§540. 国际条约有效的情况如下：①当它不包含违背社会联合的目标时；②当他不违反国民契约时；③当它不侵犯未参与其中的第三方的权利。

§541. 团体的最高执政者并不总是亲自签订条约，而是将该事务的执行委托给他人；在这种情况下，只有一种条约被认为是唯一有效的，即条约是根据全权委托而缔结的。

§542. 保证是一种条约，根据该条约，某人在未经授权的情况下代表国家作出承诺。因此，如果国家未表示同意，则保证就不具有条约的效力。当国家否定对某事的保证，并对接受它及依赖它采取行动的国家造成伤害时，那么侵权者不是国家本身，而是无授权而行事的人。

§543. 国家与私人缔结的条约，既包括与外国人缔结的条约，也包括与本国成员缔结的条约，都属于公约。在所有情况下，保护这些条约不受侵犯的义务都是一样的。

§544. 在国家法律中，和平、安全和国家普遍安定状态所取决于的法律被称为神圣的法律。因此，国际条约应该被尊为神圣条约，因为国家总体安定是建立在严格遵守这些条约的基础上的。

§545. 虽然政体形式是变化的，国家最高权力的行使者一个接一个，但与他国缔结的条约并不会因此失去效力，因为它们是以国家作为一个永恒人的名义而缔结的。

§546. 但如果条约缔结只在某个特定时间内有效，则被称为临时条约，并在指定期限开始时而失去效力。

§547. 国际条约的主要类型有：I. 联盟；II. 政治系统；III. 调停；IV. 保护。

§548. I. 结盟是一种条约，各国据此条约承诺在实现共同目标方面予以相互协助。由于安全是国家关系的重要对象，所以联盟主要是在发生战争时优先缔结的条约，分为防御性的和进攻性的。

§549. 防御联盟是各国承诺互助击退敌人的条约。进攻联盟是国家通过条约承诺在攻击另一个国家时相互协助。

§550. 进攻联盟违反法的原则，因为任何人都不能接受侵犯他人权利的义务。

§551. II. 政治系统是一种防御性联盟，国家承诺以联合武力对抗来自任何人的非正义攻击。政治系统的目标是在国家关系中遵守法的统治。因此，政治系统的成员有责任保护正义的一方免受非正义的一方的攻击。

§552. III. 调停是一个国家根据他国的请求，参与其他国家之间权利纠纷谈判的一种条约。因此国家可以成为调停人需要：①应争议双方的要求。②只有在发生冲突的情况下，否则一个国家没有理由干涉另一个国家的事务。

§553. IV. 保护是一个国家承诺保护另一国家权利的条约。因此很明显，只有在他国的权利处在危险时才能进行保护，因此国家攻击者的保护通常都是违法的，尤其是违反了保护的概念。

§554. 虽然战争是一种非法状态，但即使在战争期间，国家之间也可以保持合法关系，因为那时国家并不停止其作为道德人的状态。战争期间缔结的主要条约类型有：I. 停战协定；II. 保护条约；III. 投降；IV. 交换俘虏；V. 和平条约。

§555. I. 停战协定是交战国相互承诺紧急停止敌对行为的条约。停战的目标要么是全面停止所有敌对行为，要么是在某些地方停战，因此可被称为一般停战协定或特殊停战协定。本协定产生的义务是相互的，一方未履行这些义务，就赋予了另一方违反停战协定的权利。

§556. II. 保护条约是交战国中的一方承诺在断绝外交关系时保护另一国人的权利的条约。这是敌国给予被授权者的通行护照，以及给予私人和公众的保护证明书。尽管一方的敌对行为使另一方拥有了不履行自身义务的权利，但这些特殊条款仍然有效，因为它们要么是在战争期间缔结的，要么是在战争前缔结的。

§557. III. 投降是将军队的某部分、某防御工事、某个城市或某个区域转让给敌国的条约。本协议只能由被授权人员签订，但敌国没有义务判断授权的正义性。投降可以是无条件的，也可以是有条件的。在第一种情况下，敌国获得的对象就是绝对权利，而在第二种情况下就是相对权利。整个国家的无条件投降是基于其国民契约的规定。

§558. IV. 交换俘虏是交换被俘虏的士兵和其他军衔的军官的条约。交换可以是整体的，或者按人头。在第一种情况下，所有俘虏都被分批交换，而在第二种情况下则是一对一交换，并遵守军衔和其他方面的对等。

§559. V. 和平条约是交战国最终停止敌对行为的相互承诺。这方面的规则将在后面阐述。

第三节 外交使命

§560. 大使是一国派往另一国以商议共同事务的人。所以，大使是国家授权委托的人，在委托给他的事务上代表国家本身。他不是以自己的名义行事，而是以国家的名义行事并取决于它的决定。

§561. 由于大使在委托给他的事务中代表国家，因此他受同样的法律约束，并拥有与国家本身相同的权利，无论对产生事务的国家而言，还是对其他国家而言都是如此。

§562. 根据自由权，国家可以接受大使，也可以不接受大使，因为不想与任何人有联系和交流的人并不侵犯任何权利。

§563. 同样，国家作为其领土和区域的所有者，可以阻止外国大使访问他们，禁止他经过自己领地前往另一个国家，在签订协议的情况下才会允许，并在许可的情况下设定条件。

§564. 既然大使是以国家的名义行事，那么他的品性必须为派遣他出访的国家所知晓。因此，授权大使就共同事务与他国协商的代表委托书称为授权书。当授权被其他国家接受时，他也就承认了大使的头衔。

§565. 当接受外国大使时，国家承诺不妨碍他为其外交使命目的合法进行的一切活动。因此，大使是受国家保护的。

§566. 大使是国家的形象，因此他在授权给他的事情上拥有独立的权利。当任何国家允许大使进入本国时，它也就承认他是独立的。这种权利被称为司法豁免权。

§567. 侮辱大使就是侮辱国家，因为：①大使是国家的公民；②他代表国家。因此，大使权利被称为神圣不可侵犯的权利。

§568. 大使根据其授权以国家的名义允许或批准的条约内容，国家就要承诺履行。但违背授权而签订的条约无效。

第四节　战时国家权利

§569. 当一国对另一国造成侵犯或有意对其造成侵犯时，后者有权进行强制。但侵犯是通过行为来认定的。同样，蓄意侵犯必须基于明确无误的迹象和标志。

§570. 国家内部力量的增强并不是蓄意侵犯他国的迹象，因此这不能作为宣战的理由。

§571. 如果权利没有合法转移给另一个国家，那么根据正义原则对强制其他国家进行赔偿的方式进行判断的权利属于每个国家。

§572. 强制的类型和程度是由对侵犯的认知所决定的，因此强制不能高于受到的侵犯，且不可持续强制，获得赔偿时就应结束。

§573.使用对抗国家的强制手段时应考虑国家成员：①作为其中的一部分，②作为个人。对国家的侵犯不是由个人造成的，而是由国家造成的，因此应当对国家作为道德人使用强制手段。

§574.虽然国家是由个人组成的，因此交战国的武力间接地作用于他们，但国家公民必须被看作：①国家权力之下的人；②执行国家意志和国家权力的人。强制只能对后者使用，否则它对没有造成任何恶的人是有害的。

§575.为了最准确地界定交战国之间的合法关系，有必要将国家的武装部分与非武装部分区分开来。对于第一种，可以使用所有的强制手段，这可以使进一步的抵抗变为不可能。但它们必须符合法律规则，因此应当：①公开、明确的使用会对某个国家进行威胁，如果这本身已经足够了，那么使用手段将是非法的。通常为强制而使用的方式被称为公开方式；②敌方必须宣布他的敌对行动；窃听是非法手段，但公开的情报是合法手段；③国民不能自己对敌方使用暴力，因为只有国家的最高权力才能决定反击敌方的方式。

§576.国家武装力量对抗敌军的权利也是有限的，仅限于敌对行动的目的为侵犯和因侵犯而获得赔偿。因此，在敌军投降或宣布不再抵抗后，就无权杀害他们或对他们施暴，但有权强制他们保持这种状态，而他们在这种状态下不能反抗它。

§577. 当一个国家发动战争或不公正地抵制他国的要求时，那么这是该国政府所造成的不公正性，而不是该国公民或者执行最高命令的军队所造成；因此，军队不会因执行最高执政者的命令而受到惩罚。

§578. 敌国的权力可以延伸到敌国的国民，但不得超过最高执政者的权力。因此敌国可以：①在最高执政者确定的占领区征税；②征收新税种并要求居民提供服务。当一方执政者不能保护他的国民时，国家领袖就应当服从敌方并执行他的命令。

§579. 但敌军无权：①攻击手无寸铁的公民的生命、压迫他们、任意地对待他们；②对不受最高权力本身约束的权利提出要求，如占用私人财产、各组织的不动产；③同样，抢劫城市、村庄和房屋也是对个人权利的非法侵犯。

§580. 从上述内容可以清楚地看出，国家使用强制手段的权力不仅受到个人特殊权利的限制，而且还受到法的一般原则的限制。国家的最高意志不能用来侵犯弱者的人权，但可以用来抵抗属于国家本身的权利。在这种情况下，强制的程度由侵犯的性质决定。

§581. 对国家的侵犯可强可弱，因此强制的程度也不同。任何侵犯都是侵犯权利，包括基本权利、偶然权利、公共权利和私人权利。与任何侵犯的理由一样：①犯罪人的内在性格或意图，这是行为动机；②被侵犯的权利是当国家被侵犯时同样要注意的对象。

§582. 当这个国家不强制其国民对侵犯进行赔偿时，国家的国民对其他国家施加的侵犯就会变成一种国家侵犯。否则，国家将有权对没有伤害他们的国家施加暴力。

§583. 只有在以下情况下，侵犯才有权被强制：①侵犯是显而易见和毋庸置疑的；②当侵犯者拒绝作出赔偿时。因此，强制可以遵循：①在宣布使用强制意向后；②当明显知晓侵犯者不想进行赔偿时。

§584. 对基本权利的侵犯就赋予了被侵犯者以类似方式对侵犯者施加行为的权利。当一个国家侵犯另一国领土完整或政体形式时，那么就赋予它对其他国家国民使用强制措施的权利。当侵犯涉及偶然权利时，那么强制应仅扩展到这些偶然权利。

§585. 当一个国家被另一国的国民侵犯时，它有权要求得到赔偿，但它无权伤害该国家的国民，否则强制就会施加给那些没有造成损害的人（如第582条所述）。

§586. 一个国家的国民对其他国家的侮辱会使他们遭受惩罚，国家有权对他们使用强制手段。

§587. 当被侵犯的权利通过强制手段恢复时，那么以敌对形式对国家采取行动的可能就终止了，否则就会变成非法攻击。因此，攻击者在赔偿之后无权使用进一步的暴力（如第572条所述）。由此可见，征服者不能奴役被征服者。

§588. 战争以和平条约结束，双方对此必须同样尊重。违反该条约就是背信弃义。

§589. 国家争端根据主权独立原则必须由国家自己解决；因此，任何其他国家都不能自发地影响交战国之间的和平条约，但交战国可以邀请调停者缔结和平条约。

§590. 国家之间缔结的和平条约相互约束对方。违反其中一项主要条款就会使整个条约失效。违反条约中的偶然部分不会损坏其效力。和平条约的其他要求与常见条约讨论时提出的要求相同。

非常用术语对照表 ①

俄文	拉丁文	中文*
Аристократическое собрание	Collegiirm Optimatium sive Senatus	贵族会议
Безусловное повеление	Imperativum cathegoricum	绝对命令
Большинство голосов	Vota majora	多数票
Брачные условия	Gonditiones eponsales	结婚条件
Вельможи	Optimates	大贵族
Вещь бесхозяйная	Res nullius	无主物
Вина	Culpa	罪过
Виновность	Gulpabilitas	有罪
Владение	Possessio	占有

---

① 这里有一些词汇，在翻译之后是很常见的词汇，而在此时为了有些不常用的含义而将其列入此表中。翻译《自然法》中的所有的学术词汇是没有必要的：如果外来术语过多，那么它们也无法被赋予更明确的含义。

* 原书为俄文、拉丁文对照表，中译本加上中文译名。——译者

Владетель	Possessor	占有人
Владетель добросовест-ный	Possessor bonae fidei	善意占有人
Владетель недобросо-вестный	Possessor malae fidei	恶意占有人
Властитель	Lmperans	执政者
Властитель верховный	Imperans surrumus	最高执政者
Властитель ограничен-ный	Imperans ldmitatus	有限执政者
Власть	Potestas	权力
Власть верховная	Potestas summa	最高权力
Власть законодательная	Potestas legislative	立法权
Власть исполнительная	Potestas executive	执法权
Власть блюстительная	Potestas inspectorial	监视权
Вменение	Imputatio	归责
Вменяемость	Imputabilitas	可归责性
Воля общая	Voluntas societatis	公共意志
Воспламенение	Affectus	冲动
Всепрощение	Amnistia	失忆症
Голос	Votum, suffragium	投票
Голос положительный	Votum affiraiativum	赞成票
Голос отрицательный	Votum negativum	反对票
Голос безусловный	Votum cathegoricum	绝对票
Голос условный	Votum expressum	相对票
Голос подразумеваемый	Votum tacitum	无声投票
Голос решительный	Votum decisivum	决定性投票
Голос совещательный	Votum delberativum	协商性投票
Голоса согласные	Vota consentientia	赞成票
Голоса несогласные	Vota diversa	反对票

Голоса единодушные	Vota unanimia	一致通过
Голоса различные	Vota divisa	投票分歧
Государственные чины	Ordines status	国家官员
Государственный капитал	Fundus publiais	国家财产
Давность	Praescriptio	时效
Давность приобретательная	Praescriptio adquisitiva	取得时效
Дарение	Donatio	捐赠
Даритель	Donator	捐赠人
Доверенность	Mandatum	委托书
Договор	Pactum	契约
Договор односторонний	Pactum unilaterale	单务契约
Договор двусторонний	Pactum bilaterale	双务契约
Договор благотворительный	Pactum beneficum	恩惠契约
Договор возмездный	Pactum onerosum	有偿契约
Договор брачный	Pactum matrimoniale	婚姻契约
Договор служебный	Locatio operarum	服务契约
Договор соединения	Pactum unionis	联合契约
Договор поддданства	Pactum subjectionis	国民契约
Договоры основные	Pacta fundamentalia	基本契约
Должность	Officium	义务
Должность совершенная	Officium perfectum	完整义务
Должность несовершенная	Officium imperfectum	不完整义务
Должность нравственная	Officium moralitatis	道德义务
Должность юридическая	Officium juris	法律义务
Должник	Debitor	债务人

Должности общества	Officia societatis	社会责任
Должности общественные	Officia socialia	社会责任感
Действие	Actus	行为
Деяние	Actio	行动
Деяние нравственное	Actio moralis	道德行为
Деяние законное	Actio legalis	合法行为
Деяние справедливое	Actio justa	正义行为
Деяние несправедливое	Actio injusta	非正义行为
Деяние позволенное	Actio lioita	允许的行为
Деяние непозволенное	Actio illicita	不允许的行为
Деяние внутреннее	Actio interna	内在行为
Деяние внешнее	Actio externa	外在行为
Деяние неопределенное	Actio indifferens	未定义行为
Единовластие	Monarchia	君主制
Единодержавие	Monocratia	专制
Заблуждение	Error	错误
Заблуждение преодолимое	Error vincibilis	可以抑止的错误
Заблуждение непреодолимое	Error invincibilis	不可抑止的错误
Завладение	Occupatio	占有
Завладение воинское	Occupatio bellica	军事占有
Заем	Mutuum	借款
Заемщик	Mutuatarius	借款人
Заимодавец	Mutuans	债权人
Заключение	Conclusum	缔结
Закон	Lex	法律

Закон нравственный	Lex moralitatis	道德法则
Закон юридический	Lex juris	法律规则
Закон коренной	Lex fundamentalis	基本法律
Закон договорный	Lex pactitia	契约法则
Залогодательство	Oppignoratio	质押
Залог	Pignus	保证
Занятие	Apprehensio	占据
Заступление	Guarantia	保护
Заслуга	Meritum	功劳
Защищение	Defensio	保护
Злой умысел	Dohis malus	恶意
Избирательные условия	Pacta convent	选择性条款
Купля	Emtio, venditio	购买
Лицо	Persona	人
Лицо нравственное	Persona moralis	道德人
Лицо физическое	Persona physica	实体人
Лицо таинственное	Persona mystica	未知、神秘的人
Лицо ссужаемое	Commodatarius	借款人
Лицо одаряемое	Donatarius	赠与人
Личность	Personalitas	个人
Междуцарствие	Interregnum	王位空缺期
Меньшинство голосов	Vota minora	少数派的意见
Мирный трактат	Pacis pactum	和平条约
Многоженство	Poligamia	一夫多妻制
Многомужество	Poliandria	一妻多夫制
Монархия	Monarchia	君主制
Монархия избирательная	Monarchia Electitia	选举君主制

Монархия наследствен-ная	Monarchia Hereditaria	血缘世袭君主制
Монархия отчинная	Monarchia Patrimonialis	父系世袭君主制
Могущество государства	Potentia status	国家强力
Мена	Permutatio	互易
Наем	Locatio, conductio	租赁
Наемщик	Locator, conductor	雇主
Наказание	Poena	惩罚
Наложничество	Concubinatus	姘居
Народ	Gens	人民
Народное правление	Democratia	民主
Народные договоры	Pacta publica	人民契约
Народные собрания	Comitia popularia	人民议会
Наследование отчинное	Successio patrimonialis	遗产继承
Наследование по заве-щанию	Successio testamentaria	遗嘱继承
Наследование без заве-щания	Successio ab intestate	无遗嘱继承
Невинная оборона	Inculpata tutela	无罪辩护
Невежество	Ignorantia	无知
Недоброжелательство	Malevolentia	恶意
Необходимость	Necessitas	必然性
Необходимость физиче-ская	Necessitas physica	身体需求
Необходимость нравс-твенная	Necessitas moralis	道德需要
Нравственное чувство	Sensus moralis	道德感
Нравоучение	Ethica	道德学说

Обида	Injuria	伤害
Обида существенная	Injuria essentialis	实际伤害
Обида случайная	Injuria accidentalis	意外伤害
Обида общая	Injuria generalis	一般伤害
Обида частная	Injuria specialis	局部伤害
Обида особенная	Injuria privata	特别伤害
Обида положительная	Injuria commissiva	明显伤害
Обида отрицательная	Injuria omissiva	恶劣伤害
Область	Regio	区域
Обнародование закона	Promulgatio fcgis	颁布法律
Образ правления	Forma regiminis	政体
Образ правления монархический	Forma regiminis Monarchica	君主政体
Образ правления аристократический	Forma regiminis Aristocratica	贵族政体
Образ правления народный	Forma regiminis Democratica	民主政体
Образ правления смешанный	Forma mixta	混合政体
Общая цель	Finis commums	公共目的
Общество	Societas	社会
Общество равное	Societas aequalis	平等社会
Общество неравное	Societas inaequalis	不平等社会
Общество простое	Societas simplex	简单社会
Общество сложное	Societas composite	复杂社会
Общество временное	Societas temporaria	临时社会
Общество вечное	Societas perpetua	永恒社会
Общество супружеское	Societas conjugialis	互联社会
Объявление войны	Denunciatio belli	宣战

Обязательство	Obligatio	义务、责任
Обещание	Promissio	承诺
Обещатель	Promitiens	承诺人
Оставление вещи	Derelictio rei	将物遗失
Отвращение врожденное	Horror naturalis	先天抵制
Перемирие	Armistitvum	停战
Плоды	Fructus	结果
Побуждение	Motivum	动机
Побуждение внутреннее	Motivum internum	内在动机
Побуждение внешнее	Motivum externum	外在动机
Повинность	Servitus	赋役
Подати	Tributa	赋税
Покупщик	Bmtor	买主
Пользование	Usucapio	使用
Порука	Fideijussor	担保
Поручитель	Mandans	担保人
Поручительство	Fideijussio	担保人责任
Посредник	Mediator	调停人
Посредничество	Mediatio	调停
Посол	Legatus	大使、使者
Поучение	Castigatio	训诫、说教
Правитель общества	Rector civitatis	社会统治者
Право	Jus	法、权利
Право естественное	Jus Naturae	自然法
Право естественное чистое	Jus Naturae Purum	应然自然法
Право естественное прикладное	Jus Naturae Applicatum	实然自然法

Право естественное безусловное	Jus Naturae Absolutum	绝对的自然权利
Право естественное условное	Jus Naturae Hypotheticum	相对的自然权利
Право общественное всеобщее	Jus Sociale Universale	公共权利
Право семейственное	Jus Domesticum	家庭法
Право государственное	Jus Publicum	国家法
Право народное	Jus Gentium	国际法
Право гражданское	Jus Civile sive Positivum	民法
Право всемирного гражданства	Jus Cosmopoliticum	万民法
Права врожденные	Jura innata	天赋权利
Права первоначальные	Jura originaria	原始权利
Права производные	Jura derivativa	派生权利
Права приобретенные	Jura adquisita	取得权利
Право владения	Jus possidendi	占有权
Право на сущность	Jus in substantiam rei	处分权
Право пользования	Jus ususfructus	使用权
Право собственности	Jus dominii	所有权
Право собственности полное	Jus dominii plenum	完整所有权
Право собственности неполное	Jus domina minus plenum	不完整所有权
Право собственности ограниченное	Jus dominai restrictum	有限的所有权
Право собственности неограниченное	Jus domina non restrictum	无限的所有权
Право собственности мнимое	Jus domina putativum	虚假所有权

Право безвредного употребления	Jus innoxii usus	无害使用权
Право необходимости	Jus necessitates	必要的权利
Права величества	Jura majestetica	强大的权利
Права величества внутренние	Jura majestetica interna	对内权利
Права величества внешние	Jura majestetica externa	对外权利
Право помилования	Jus aggratiandi	赦免权
Право неподсудности	Jus exterritorial itatis	非司法管辖权
Право исследования	Jus inquisitionis	调查权
Право предупреждения	Jus preventionis	预防权、警告权
Права общества	Jura societatis	社会权
Права общества внутренние	Jura sooietatis interna	社会内部权利
Права общества внешние	Jura societatis externa	社会对外权利
Права общественные	Jura socialia	社会法、社会权利
Правота	Aequitas	公正、正义
Предлог приобретения	Titulus acquirendi	获得借口
Представитель	Representator	代表
Приговор	Sententia	判决
Принуждение	Soactio	强制
Принятие	Acceptatio	接受、受理
Приращение	Accessio	增量
Приращение естественное	Accessio naturalis	自然增量
Приращение искусственное	Accessio industrialis	技术增量

Приращение смешанное	Accessio mixta	混合增量
Присвоение	Adpropriatio	侵占
Продавец	Venditor	卖主
Проценты	Foenus, usura	利息
Процентный договор	Pactum foeneratitium	利息契约
Равенство голосов	Paritas votorum	投票平等
Равновесие	Aequilibrium	均衡
Решимость	Determinatio	决定
Священное	Sanetum	虔诚的
Сдача	Capitulatio	交付
Соединение сил	Unio virium	合力
Слава	Fama	名声
Слава добрая	Fama bona	好名声
Слава худая	Fama mala	坏名声
Собственность	Dominium	所有、所有权
Собственность совместная	Condomdnium	共同所有
Согласие	Consensus	同意
Согласие явное	Consensus expressus	明示同意
Согласие предполагаемое	Consensus praesumptus	预先许可
Согласие взаимное	Consensus mutuus	关联许可
Согласие молчаливое	Concensus tacitus	默示同意
Состояние	Status	形式、状态
Состояние безусловное	Status absolutus	无条件形式
Состояние условное	Status hypotheticus	有条件形式
Состояние общественное	Status socialis	社会形式
Состояние внеобщественное	Status extrasocialis	处在社会外的状态

Сохранный договор	Depositum	保管契约
Союз	Foedus	联盟
Способ приобретения	Modus adquirendi	取得方式
Способ приобретения первоначальный	Modus adquirendi originarius	原始取得方式
Способ приобретения производный	Modus adquirendi derivativus	衍生取得方式
Справедливость	Justitia	公正、正义
Справедливость внутренняя	Justitia interna	对外正义
Справедливость внешняя	Justitia externa	对内正义
Страдание	Passio	痛苦
Ссуда	Commodatum	贷款
Ссужатель	Commodans	贷款人
Суд	Forum	法院
Суд внутренний	Forum internum	对内法院
Суд внешний	Forum externum	涉外法院
Темнота закона	Lex in thesi obsoura	法律不明
Темнота случая	Lex in hypothesi obscura	事件不明
Требователь	Acceptans sive promissarius	提要求者
Удовлетворение	Satisfactio	符合
Улучшение	Melioratio	改进完善
Условие	Conditio	条件
Условие утвердительное	Conditio affirmativa	肯定条件
Условие отрицательное	Conditio negativa	否定条件
Условие существенное	Conditio essentialis	本质条件
Условие случайное	Conditio arbitraria	偶然条件

Условие срочное	Conditio suspensiva	定期条件
Условие повременное	Conditio resolutiva	附期限条件
Хотение	Volitio	意愿
Хранитель	Depositarius	保管人
Цена	Pretium	价格
Ценность	Valor	价值
Честь	Honor	人格
Честь общая	Honor communis	一般人格
Честь особенная	Honor eminens	特殊人格

亚历山大·彼得洛维奇·库里岑生平及学术年表[*]

1783 年

11 月 16 日,出生在俄罗斯特维尔省卡辛斯基区锦鲤村的一个牧师家庭,为家中的第四子。

1789—1797 年

开始为期两年的教会学校的学习。从教会学校毕业后,在一个地主庄园担任文员。

1797 年

开始在特维尔神学院(卡辛斯基神学院的分院)进行两年的学习。

---

[*] 本表由译者编制。——译者

1799—1803 年

在特维尔神学院学习语法和修辞课程，后赴卡辛斯基神学院学习。在卡辛斯基神学院，对自然法产生了兴趣。

1803—1807 年

在卡辛斯基神学院以优秀的成绩毕业，获得继续接受教育的机会，进入圣彼得堡教育学院学习。

被送到圣彼得堡师范中学学习（1804 年成为师范学院）。在圣彼得堡师范学院完成道德政治学课程后毕业。

1808—1810 年

因"成绩优异、品行端正"成为优秀毕业生，被派往国外继续深造三年，以为其日后成为外交官做准备。尼古拉·伊万诺维奇·屠格涅夫当时是他的同学。

在德国的海德堡和哥廷根大学学习，曾学习过政治经济学的课程，吸收了课程中有关亚当·斯密的诸多观点。

在德国，他熟悉了启蒙运动的人文主义思想，熟悉了西欧国家中自然法学派代表人物的著作。

1811 年

在巴黎法律学校、法兰西中等专科学校学习。

1 月，从巴黎被召回到了圣彼得堡。获得高度评价和赞许，并因其具有俄罗斯国家改革的先进观念而被派往圣彼得堡师范学院任教。

在圣彼得堡师范学院，库里岑很快通过了道德学兼职教授职位的考试，成为道德哲学和法学系的兼职教授，并被派往已开设的皇家沙皇学院任教，在道德哲学和法学系任职。

11月19日，在学校开学典礼上，他发表了著名的演讲"对学生的教导"。亚历山大一世高度赞赏此演讲，并授予库里岑弗拉基米尔四世勋章。

1814—1815年

在法政贵族寄宿学校任教，教授政治学和伦理学。

1816年

被提升为法政学校（沙俄为贵族子弟专设的学习法政知识的中等和高等学校）的教授。

1817年

被任命为师范学院（1819年成为圣彼得堡大学）普通法系的教授，在那里他教授的课程包括自然法、私法、公法、国家法和国际法，即法的一般理论和法哲学。开设的师范学院的贵族学校的高级班教授伦理和法律，其中包括自然法。

1818年

与屠格涅夫提议创建一个社会政治杂志——《19世纪的俄罗斯》，并让普希金参与其中。

3月29日，经审查员批准后印刷，《自然法》第一部分在圣彼得堡出版。

1819年

《自然法》第二卷于10月14日被审查员允许印刷。

1820年

《自然法》第二卷印刷出版。

7月，从法政学校和贵族法政研修班辞职，在圣彼得堡大学任职。

9月，被任命为圣彼得堡大学教育部门的负责人。

1821年

年初，部长委员会禁止出版由斯特罗加诺娃在库里岑参与下撰写的旨在通过更先进的方法创收的"地主章程"。

3月，因出版《自然法》中运用社会契约、自然法和人民主权的思想，发声反对专制和农奴制，被认为是"不道德的"，"明显违背基督教的真理并趋向推翻所有的家庭和国家关系"。

被大学开除，同时被免去公职，被禁止在所有的宗教事务部门和公共教育部门下设的所有教育机构任教，《自然法》一书也被没收和销毁。

7月，开始在财政部工作。

1826 年

4 月，应斯佩兰斯基的要求，在沙皇办公厅第二部任职，参与起草了 1830 年首次出版的《俄罗斯帝国法令全集》和其他法律汇编的工作。

1828—1829 年

加入法律起草委员会，并为准备获得法学教授职位的神学院的候选人讲授法律。

1830 年

1 月，被任命为国务顾问。由于需要进行大量的专业工作，库里岑不再从事其他工作。

9 月，从财政部辞职。

1832—1938 年

专心于国务工作。

1838 年

1 月，被选为圣彼得堡大学名誉教授。同年，他成为《俄罗斯帝国法令全集》出版监督委员会主席。

1840 年

4 月，被任命为俄罗斯帝国内务部对外宗教事务司司长，军衔为少将。

7 月 1 日，因中风在圣彼得堡去世，葬在圣乔治公墓。被他的学生和朋友埋葬和哀悼。

附：亚历山大·彼得洛维奇·库里岑学术成果列表

1.《给俄罗斯人的信息》，载《祖国之子》1812年第5期。

2.《对当今战争的批评》，载《祖国之子》1812年第8期。

3.《国家信息相互关联的形象》，1817年，圣彼得堡。

4.《自然法》，1818—1820年，圣彼得堡。

5.《权利百科全书》，载《十二月党人精选的社会政治和哲学著作》，1951年，第1卷。

6《彼得大帝在俄罗斯引进青年法律理论教育方面的努力》，载《祖国之子》1821年第6期。

7.《俄罗斯古代法律诉讼的历史描述》，1843年，圣彼得堡。

8.《国家法》，载《十二月党人的社会政治和哲学著作选集》(第3卷)，1951年。

亚历山大·彼得洛维奇·库里岑及其《自然法》[*]

从18世纪开始至20世纪初,俄罗斯有着璀璨的哲学与文化,我们熟知陀思妥耶夫斯基和托尔斯泰,也读过契诃夫和果戈理的短篇、感受过普希金的迷人诗歌、匆匆地浏览过肖霍洛夫的顿河故事,因奥斯特洛夫斯基而激动,也曾经沉溺于帕乌斯托夫斯基的生命写作,俄罗斯是一个善于叙事的民族,它善于讲述民族的苦难,也善于将这种苦的意识转化为文学与哲学,于是我们也聆听了舍斯托夫的狂野呼告、别尔嘉耶夫对自由的呼唤、梅列日可夫斯基向上帝祷告,俄罗斯民族善于将自己的生命感受转换为宗

---

[*] 本部分文字由译者整理撰写。——译者

教与哲学的痛苦思考。

俄罗斯民族也有伟大的政治,自彼得大帝以来,就从未停止过对于民族命运的思考,我们知道恰达耶夫、读过索洛维约夫、我们深受列宁政治学说的影响。然而,俄国的辉煌似乎已成往事,如今我们似乎只能带着赞赏之心缅怀它的文学、哲学与宗教,可是它也有其伟大的法哲学与政治哲学,俄罗斯民族从未中断过对于法律与政治的思考,这些思考在风起云涌的革命面向被人忘却,他们对于革命时代的反思仍然是我们时代的重要思想遗产。亚历山大·彼得洛维奇·库里岑就是其中一位著名的学者,他的法哲学和自然法思想直到今日都具有很重要的讨论价值。

一、库里岑的学术生平

亚历山大·彼得洛维奇·库里岑(Александр Петрович Куницын,1783—1840),是俄罗斯著名的社会思想家、法学家和政治活动家,他的名字在19世纪上半叶俄罗斯国家转型期的众多著名人物中占有一席之地,被称为"祖国的忠实儿子",直至今日俄罗斯仍为其自豪。他有多重身份,是道德哲学的教授、自然法和社会契约理论的支持者、法律和经济学领域专家、俄罗斯法律编纂者、国务委员、圣彼得堡大学名誉会员。库里岑的学说受到了卢梭和康德思想的极大影响，其代表作有《自然法》《权利百科全书》等。作为俄罗斯自然法的先驱之一，在俄罗斯社会思想史上占有重要地位。

库里岑于1783年11月16日出生于俄罗斯特维尔省卡辛斯基区锦鲤村的一个牧师家庭。当时正是俄罗斯农奴制的鼎盛时期，这时期一方面是对普加乔夫起义的镇压，另一方面是文化的繁荣和民众识字率的提高，他的父亲彼得·拉夫伦季耶维奇在库里岑6岁的时候就送他去教会教育机构进行为期两年的学习——他父亲希望他也成为一名牧师。从1797年开始在特维尔神学院（卡辛斯基神学院的分院）学习，然后赴卡辛斯基神学院去学习，在这里他对自然法产生了兴趣。这里值得一提的是，18世纪末至19世纪中叶，俄罗斯中部的大多数人口，包括神职人员，都没有姓氏，库里岑所在的彼得·拉夫伦季耶维奇的家族也没有姓氏，在宗教机构学习时，神学院的学生才会获得姓氏，因此这时的库里岑才获得了"库里岑"这个姓。1803年他从神学院毕业后，被送到圣彼得堡师范中学学习（1804年成为圣彼得堡师范学院），同时开始从事新闻活动，1807年完成道德政治学课程后毕业。

由于库里岑成绩优秀，根据政府的决定，他于1808年被派遣到国外学习三年，以为其日后成为外交官做准备。

在国外的前两年库里岑在德国的哥廷根大学和海德堡大学学习，在那里学习政治经济学的课程，吸收了有关亚当·斯密的诸多观点。第三年他在巴黎法律学校、法兰西中等专科学校学习，但在巴黎的课程结束前，库里岑就被召回了圣彼得堡。正是在国外学习的这个时期，他熟悉了启蒙运动的人文主义思想，熟悉了自然法学派著名的西欧代表的著作。当然，他的思想不仅是在启蒙运动的哲学学说的影响下，而且是在特定历史事件，主要是在法国大革命的影响下形成的。

1811年，在接受了百科全书式教育后回到圣彼得堡的库里岑获得高度评价和赞许，并因其具有俄罗斯国家改革的先进观念而被派圣彼得堡师范学院任教。在圣彼得堡师范学院，库里岑很快通过了道德学兼职教授职位的考试，并被派往已开设的沙皇学院任教，在道德哲学和法学系任职。1811年，当库里岑受命在开学典礼上进行演讲时，投入了他对启蒙的信仰和自由思想的胜利的全部热情："一个政治家必须知道一切只触及他行动范围的事情；他的洞察力超出了私人视线的范围。站在王位脚下，他审视公民的状态，衡量他们的需求和不足，预测威胁他们的不幸，或停止已经降临到他们身上的行为。他试图深入人心，以根除削弱社会的罪恶之根；他从不拒绝人民的呼声，因为人民的声音就是上帝的声音。他将私人利益与公共利益相结合，使每个人都为公共目标而奋斗。公民心甘情愿地听从他的召唤，而不是注意到他的力量。"整个演讲中没有一次提到沙皇，这种不具有"奴性"的做法使当时的自由派的沙皇亚历山大一世十分高兴，并因此授予了库里岑弗拉基米尔四等勋章。普希金在1836年回忆了这段演讲时提到："你还记得，当学园兴起时，当国王为我们打开宫殿时，我们来了，我们遇见了库里岑……"

库里岑在圣彼得堡师范学院教授12门课程，涵盖伦理学、逻辑学、心理学、经济学、自然法、民法、刑法和金融法等。对于这些课程，他认为这一切构成了某种统一，因为他认为："科学只有当它的所有规定构成一个不间断的链条并且一个由另一个充分解释时，才具有完美的形式。"他的课程触及了最紧迫的问题：国家制度、公民权利和自由、道德义务。他谈到了个人与国家、个人与社会的关系，谈到了"自然权利"——每个人都享有自由的权利。他以其对法律的热爱吸引了观众，试图唤起他们对法哲学和那个时代政治事件的兴趣。但最重要的是，他本着自然法理论的精神，用热爱自由的思想启发了听众，影响了普希金和许多未来的十二月党人公民信念的形成。

此外，在所有的老师中，只有他是普希金后来不止一次回忆起诗歌的人，普希金在1825年曾为他写诗：

  向库里岑的心和美酒致敬！
  他创造了我们，他点燃了我们的火焰……
  他奠定了基石，
  他点亮了一盏干净的灯。

  1816年，库里岑被提升为皇家法政学校（沙俄为贵族子弟专设的学习法政知识的中等和高等学校）的教授。此外，他还参与了法政学校的宣传和行政活动。从1814年起他开始在法政贵族研修班任教。自1817年以来，他被任命为圣彼得堡师范学院（1819年成为圣彼得堡大学）普通法系的教授，在那里他教授的课程包括自然法、私法、公法、国家法和国际法，即法的一般理论和法哲学。同时，他在1817年开设的师范学院贵族学校的高级班教授伦理学和法律，其中包括自然法。

  在1817—1820年间，库里岑出版了两部分的《自然法》，印数为1000册。此外，他自1818—1821年间在《祖国之子》杂志上发表多篇文章。1820年7月，库里岑从皇家法政学校和贵族法政研修班辞职，同年9月，他被任命为圣彼得堡大学教育部门的负责人。1821年3月，库里岑因《自然法》一书中的"自由主义"被大学开除，反对者认为，"整本书不过是分配给某个自然人的冗长的权利代码，以及与神圣启示的教义完全相反的定义。在任何地方，某种无误理性的纯粹原则都被认为是对人类动机和行为的唯一合法验证"。此后，他被禁止在所有的宗教事务部门和公共教育部门下设的所有教育机构任教，《自然法》也被没收和销毁。

　　1821年7月，库里岑开始在财政部工作。1826年4月，应斯佩兰斯基的要求，库里岑开始在沙皇办公厅第二部任职，参与起草了1830年《俄罗斯帝国法令全集》和其他法律汇编的工作。在这个部门，库里岑为法科学生进行准备出国学习的相关工作，并以此来实现他们的法学教育。1830年1月，库里岑被任命为国务顾问。由于需要进行大量的专业工作，库里岑不再从事其他工作，同年9月从财政部辞职。1838年1月，库里岑被选为圣彼得堡大学的名誉成员，同年他成为《俄罗斯帝国法令全集》出版监督委员会主席。1840年4月，库里岑被任命为俄罗斯帝国内务部对外宗教事务司司长，军衔为少将。1840年7月1日，库里岑因中风在圣彼得堡去世，被葬在圣乔治公墓。

二、《自然法》的内容

　　库里岑的学说在其自然法理论中体现出来，并出版了著名的《自然法》一书。《自然法》分为两个部分，出版时间为1818—1820年。《自然法》的第一部分经审查员批准于1818年3月29日印刷，于1818年在圣彼得堡出版。第二部分于1819年10月14日被审查员批准印刷，于1820年印刷出版。当时这本书的发行量相当大，为1000册。库里岑《自然法》是当时俄罗斯法学史上形成独立的自然法思潮的一个重要里程碑，也因为此书，作者跻身于俄罗斯自然法思想的重要代表人物之列。

《自然法》的两卷为"应然法"和"实然法"。

第一卷为"应然法"，分为两方面内容，为"绝对权利"和"相对权利"。在"绝对权利"部分主要涉及的是法律道德和义务、权利来源，通过权利来源判断人的行为，同时提到了天赋人权问题，认为人权包括人的生命权、行动权和获得幸福的权利。在"相对权利"部分，主要涉及的是派生权利，包括占有，以及通过契约产生的权利。

第二卷为"实然法"，主要为具体的法律规范和内容，包括社会公共法、家庭法、国家法和国际法。在"社会公共法"部分，主要论述平等社会和不平等社会；"家庭法"则是讨论夫妻之间、父母与子女之间的人身财产关系；"国家法"部分，国家的权利以及与国民之间的关系，国民相互之间的关系，同时讨论了民主、贵族和君主三种政体；在"国际法"部分，也可以为"民族法"，在当时的概念中,"国家"和"民族"具有同等意义,按照国家间的占有、国际条约,以及外交使命和战时的权利来阐释国家法律规则。

三、库里岑的自然法学说

对库里岑著作的了解使我们可以断言,他不仅接受了自然法的思想,而且根据个人的经验和世界观,试图为自然法的发展作出贡献,表达了许多有价值的独到判断。

第一,法可以从人的天性中产生。自然社会出现在人类社会之前,人类社会的起源与目标可以被理解为探索人的天性,人的天性分为理性和感性,可以通过对人的天性的研究来理解法律。

第二,首先是确定人性,其次才确定社会法律规范。通过契约方式建立的社会有义务保障人的自由。对每个人都应当尊重,每个人都拥有实施一切行为的权利,无论其出身和地位如何,同时其他人的自由也需要保障。私有财产神圣不可侵犯,但该原则不能扩张至其他人的所有权。自由是必要的和合法的,因此每个人都不能非法地妨碍或抑制其他人。

第三,否认政府当局有权颁布阻碍行使或违反自然权利和公民权利的法律,自然法是与现行法律(法律、习俗、判例）相关的最高法律，因为它体现了理性和正义。

第四，法律是道德哲学的一部分。道德哲学是一门科学，它阐明了理性为意志所规定的规律。一般而言，它的目的是保护一个人的自由，这种自由要么被他的感官欲望和激情所侵犯，要么被阻止他合法地发现他的自由的其他人所侵犯。因此，道德哲学分为两个分支。第一个阐述了内在自由的法则，这被称为道德规范。第二个提出了外部自由的法则，或法律的法则，这就是为什么它被称为道德，或简称为法律的原因。

第五，理性要支配人性，并形成保障自由的法律。在权利方面，区分自然平等和政治平等，但反对民主共和国和普遍的政治平等，同时区分穷人和富人、强者和弱者的原始权利和派生权利。

第六，原始权利是神圣不可剥夺的。在神圣的、与生俱来的人权中，生命权，追求幸福的权利，思想、言论和宗教自由权归于天生的、原始的人权，其中应区分三种基本权利，即生存权、行动权和获得幸福的权利，所有其他权利都从属于这些最重要的权利，或者来自于它们。原始权利是不可剥夺的，不可让与的，即属于所有人，因为它们直接基于自然本身，对所有人都是一样的，这些权利是一个人生存及其生活不可或缺的条件。

第七，有必要限制一切权力。他提出了限制一切权力的必要性的思想，包括国家、公共和家庭中父母的、无限的权力必然会变成暴政，变成不公正。只有为保障居民、社会和儿童权利和利益的权力才被认为是合法的权力和公正的权力，因为权力的形成不仅要为了权力者的利益，也要为国民和附属者的利益。

库里岑强调客观、基本、无条件的本质的自然权利，在专制的俄罗斯帝国，库里岑能够在他的学生和读者的头脑中产生最进步、最革命的思想，当然也因《自然法》中的思想和理论在当时被宣布为"有毒的学说"，并立即遭到政府的查禁，他也被赶出了圣彼得堡大学。但是，在俄罗斯自然法史上，他在俄罗斯科技教育领域的活动为传播大胆和进步的政治和法律思想做出了重大贡献，库里岑因其巨大的教育潜力和高度的人文主义而具有特殊的地位，他在那个时代最优秀的头脑中播下自然法的思想，促进了法律意识的发展，这不仅是在上流社会中，而且也在整个俄罗斯社会的知识、精神、文化生活领域中。

图书在版编目(CIP)数据

自然法 /（俄罗斯）亚历山大·彼得洛维奇·库里岑著；王海军译.—北京：商务印书馆，2024
（自然法名著译丛）
ISBN 978-7-100-23558-7

Ⅰ.①自… Ⅱ.①亚…②王… Ⅲ.①自然法学派—研究 Ⅳ.①D909.1

中国国家版本馆 CIP 数据核字（2024）第 060282 号

权利保留，侵权必究。

自然法名著译丛
自　然　法
〔俄〕亚历山大·彼得洛维奇·库里岑　著
王海军　译

商　务　印　书　馆　出　版
（北京王府井大街 36 号　邮政编码 100710）
商　务　印　书　馆　发　行
北京新华印刷有限公司印刷
ISBN 978-7-100-23558-7

2024 年 5 月第 1 版　　　　开本 880×1230　1/32
2024 年 5 月北京第 1 次印刷　印张 7½

定价：40.00 元